KB275406

그래도 우리는 취업을 해야 한다

誰しもそうだけど‚俺たちは就職しないとならない BY AKITA YOSHINOBU.

Copyright © 2008 by Akita yoshinobu
Korean-language edition copyright © 2009 by Pantheonhouse
All rights reserved.

이 책의 한국어판 저작권은 일본 T.O BOOKS를 통한
앰엔씨에프(M&CF Inc.)에 있으며 출판권은 판테온하우스에 있습니다.
저작권법에 의해 한국 내에서 보호받는 저작물이므로 무단 전재 및
복제를 금합니다.

그래도 우리는 취업을 해야 한다

아키타 요시노부 지음 | 명진숙 옮김

판테온하우스

'취업병'을 아십니까?

'누구나 그렇듯이, 우리는 취업을 해야 한다.'

취업이란 것이 뭔지 모르는 사람에게 설명을 하자면, 취업이란 인류의 숙명적인 병이다. 병의 원인은 아직 명확하지 않지만 주로 2차 성징 후에 발병하여 인격에 손상을 준다. 즉, 우울증이나 알츠하이머와 같은 것으로 분류되는 뇌질환인데, 일반적으로는 대뇌의 위축과 같이 눈에 보이는 변화는 없다.

MRI에 의한 발견은 불가능하지만, 의료기기로 검사할 필요도 없이 병인지 아닌지는 간단히 판별할 수 있다. 왜냐하면 환자 자신이 확실하게 자백해온다고 하는 이례적인 병이기 때문이다. 또한 대부분의 경우, 차림새나 태도, 지갑 속에 들어 있는 카드의 종류나 장 수에 의해서도 쉽게 구분할 수 있다.

환자는 취업의 발병 증상과 함께 가지고 태어난 자유를 상실하고, 일정한 동작, 일정한 활동밖에 행할 수 없게 된다.

실제로 취업의 증상은 종교활동이나 신앙과 같은 면에서 시스템적으로 거의 동일하다. 다만, 신앙에 관해서는 (속한 사회 사정에 따라 차이가 있지만, 국제적으로는) 자유가 인정되어 있는 것에 반해, 취업에 대해서는 기본적으로 회피할 방법이 없다.

취업병에 걸린 사람은 과연 어떻게 될까? 모든 병과 마찬가지로, 실제로 나타나는 증상에는 개인적인 차이가 있다. 그러나 거의 모두 예외 없이 공통적인 것은 나이를 먹는다는 것이다.

취업에 걸린 인간은 늙는다. 늙는다는 것은 서서히 수분을 잃고, 시들고, 푸념이 많아지는 상태를 말한다. 이것들은 세포의 성능이 떨어지는 것으로 초래되는데, 일시적인 회복은 가능하지만 근본적인 치료는 불가능하다. 즉. 취업은 숙명적이면서, 불치의 병인 것이다.

반드시 전부는 아니지만, 대부분의 환자는 다 아는 것만을 발언하게 된다. '스트레스', '바쁘다', '시간이 없다', '미안하다', '그 놈은 모른다', '잔업을 하느라 집안 일은 전혀 돌보지 않는다고 말하지만, 그 정도로 일한다는 것이 얼마나 힘든지는 모르는가?' 등등…….

모두 보면 아는 것뿐이다. 환자는 그것을 정기적으로 (그것도 가능한 한 짧은 주기로) 말을 하는데 그렇지 않으면 안 되는 이류라도 모양이다. 뭔가의 요인으로 그 발언을 못하고 참고 있어야 하는 경우, 그들은 대개 여행을 떠나든지 부엌칼을 꺼내든다. 추측컨대, 이 증상은 기침이나 아픔을 느끼는 감각에 가까운 자기 방어적 기능이다.

이 병에는 신기한 특징이 있다. 우선, 병에 걸린 사람이 건강한 사람을 같은 병에 걸리도록 주선을 한다는 것이다. 그것은 마치 호러영화에서 좀비가 사람을 습격하는 것과 같다. 환자는 건강한 사람을 발견하면 경멸, 매도, 설득, 때로는 강제적인 수단을 이용해서라도 그들을 뻐꾸기 둥지 안으로 끌어들인다.

또 어찌된 일인지, 자신의 증상을 자랑하고, 그것을 삶의 버팀목으로 착각하는 일조차 있다. 죽을 병에 걸리면서도 그것을 삶의 양식으로 생각하는 것이다. 이것은 틀림없이 환각 혹은 착란상태이다. 그러나 발작증상을 일으키면서도 환자는 냉정한 판단을 내릴 수 있고, 혹은 건강했을 때보다도 지혜가 활발하게 작용해서 설득력을 갖게 된다.

일반적으로 환자는 다른 환자의 그런 발언에 거의 조건 반사적으로 동의한다. 견해가 다른 부분이 있다고 해도, 건강한 사람을 멸시하는 일에서는 반드시 의견일치를 본다.

환자끼리 의견이 일치하는 사례에는 법칙이 존재한다. 그것은 대체로 '그 자리에서 가장 성질이 비슷한 사람끼리가, 그 이외의 사람을 공격하는 경우'이다. 그것은 환자 안에서의 인간관계에서도 적용된다.

예를 들면, 다음과 같은 경우이다.

"과장이라는 사람이 요즘 같은 시대 메일 사용법도 모르다니. 참, 불쌍하다. 배울 생각도 없다니까, 빨리 퇴직이나 했으면 좋겠다."

이것은 통상적으로, 과장이란 인물의 부하들이 주고받는 발언이다.

부하 A와 부하 B는 이 의견에 대해 반드시 의견이 일치한다. 더욱이 부하 A가 십 년째 되는 사원, 부하 B가 삼 년째 되는 사원이라면 더욱더 그렇다.

"요즘 젊은 사람들은 정말 말이 많아……"

많은 전문가들의 정보에 의하면, 이것은 '인지증'이란 것이다.

인지증과의 유사점은 다른 데도 있다. 병의 진행속도가 깊어지면 깊어질수록 환자는 집으로 돌아가고 싶어 하지 않는다. 배회한다. 또 기억력도 없어진다. 예를 들면 다음과 같다.

유명 의류회사에 근무하는 40대 기획부장에게 학생시절 좋아했던 가와이 소노코(河合その子. 역자주: 1965년생. 1980년대를 풍비했던 아이돌 가수)에 대한 열광적인 팬레터에 대해 물었다. 그랬더니 그는 그것은 자신의 것이 아니라며 강하게 부정했다.

그렇다. 그들은 병의 증세가 깊어짐에 따라 건강했던 시절의 기억을 잃어버린다. 아프로 머리(역자주: 머리 전체를 부풀린 파마 스타일), 마리화나, 다른 사람 이름을 새겨 넣은 문신, 자작한 러브송(실제로는 자작의 몽상일뿐), 타락한 기성세대가 되느니 자결하겠다고 하던 단호한 맹세, 또 스물세 살까지 갖고 있던 동정 상실이 십오세였다는 거짓말, 자칫 공적기관의 지도를 받아야 하는 짝사랑하는 이성에 대한 집요한 접근…… . 이런 것들을 환자에게 물으면 그들은 하나같이 횡설수설하며 '아니 그건…… 그러니까, 그게, 친구 중에 그런 놈이 있었나?'라고 말할 뿐이다.

그들이 기억하고 있는 것은 인류의 달 표면 도착, 도하의 비극, 아사노 아쓰코(浅野温子. 역자주: 1980~1990년대 왕성하게 활약한 인기배우. 현재 대학에서 일본 신화를 가르치고 있다.), 또는 옛날에는 한 때 알려진 건달이었다고 하는 정도의 날조된 추억뿐이다. 상당히 심각한 상태라고 할 수 있다.

이제 이러한 불치병에 걸린 사람들에 대해 기업이나 국가가 지급하는 보상금에 관해 논해야 한다. 왜냐하면 환자의 대부분은 부도덕하게도 그 보상금을 목적으로 솔선하여 병에 걸린다고 하는, 왜곡된 현상까지 나타나고 있기 때문이다.

환자들은 이것을 공언하고, 나아가 보상금의 많고 적음을 다른 사람과 비교해, 그것을 더 많이 얻어 내기 위해 일부러 병의 증상을 악화시키려고 노력하고 있다. 이것이 치료를 더욱 어렵게 만들고 있다. 의사로서 이 병과 싸우기에 앞서, 먼저 환자의 협력은 얻을 수 없다고 생각하는 게 좋다. 한심스럽기 그지없는 일이기 때문이다.

취업으로 신체에 미치는 데미지는 앞에서 설명한대로 다

시는 회복되지 않는다.

그러나 일정한 시간이 지나면 벗어나게 되는 것이 보통이다. 그 후, 그들은 하루 종일 텔레비전을 보거나, 배우자와 어색한 시간을 보내거나, 3일 정도 산책 코스를 돌아본 뒤 병으로 빼앗긴 반평생을 되돌려 받기 위해 갑자기 분투를 하든지, 혹은 죽는다.

간혹 특별히 일찍 병에서 해방되는 사람들도 있다. 그런 사람들은 자신이 건강하게 된 것을 한탄하고, 자신의 남은 시간을 헤아리며, 그것이 예정보다 너무 긴 것에 절망한다. 그리고 병에 의존해서 병 없이는 살 수조차 없게 된다.

이런 위험한 취업병에 걸리지 않는, 예외적인 인종도 확인되고 있다. 그것은 무언가의 면역력이 있기 때문이라고 생각된다. 그 인물군이란, 석유왕이거나 축구선수이다. 이들의 공통점은 왕궁에 살고 있다는 것이다.

이 면역의 근거는 아직 명확하지 않지만, 유전적인 것임에 틀림없다. 이들 인물군의 자손들도 대개는 왕궁에 살고 있기 때문이다.

차례

무능하기로 둘째가라면 서러운 두 학생이
취업이라는 현실의 거친 파도를 향해 벌이는 상상초월의 악전고투!

지금부터 그 이야기가 시작됩니다!

무조건 취업은 해야 한다

"취업은 일단 하고 봐야겠다."

이런 생각을 한 것은 졸업반 여름이었다. 특별한 계기가 있었던 것은 아니다. 그저 단순한 순리로 받아들인 건지, 아니면 뭔지 모를 절박감 때문이었는지 모르겠다.

인생이 무의미하다는 진리를 깨닫기까지는 시간이 얼마 걸리지 않았다. 그것은 아주 간단했다. 그렇다고 해서 죽을 생각은 아니었기 때문에 현실을 받아들이고 인정해야 하는 데는 그보다 많은 시간이 필요했다.

'아마도 현실은 진리보다 훨씬 더 난해한 것인가 보다.'

그러고 나서 보니 이건 너무나 당연한 것이었다.

학교 기숙사 방바닥에 드러누워 천장이나 창문, 형광등을 둘러보면서 우리는(나와 룸메이트인 다시로(田代)) 오로지 취업 생각에 올인했다.

우린 벌렁 드러누운 채로 이런저런 의견을 주고받기 시작했다.

누구나 알고 있고 당연해서 굳이 반론 따위를 운운할 필요도 없었다. 하지만 서로 의견을 나누는 것은 사소한 것도 하찮게 여기거나 놓치지 않도록 일깨우는데 큰 도움이 된다. 흙 속에 금이 묻혀 있는지 캐내보지 않으면 모르는 것처럼. 예를 들면 이런 대화들이다.

"복권, 알지?"

다시로(田代)의 말에, 나는 머리를 끄덕였다. 방석을 베고 있었기 때문에 고개를 끄덕이는 게 어려웠지만 나는 최선을 다해서 고개를 끄덕였다. 당연히 복권을 잘 알고 있었다.

"응."

하지만 다시로는 즉시 부인했다.

"아니, 모를걸. 네가 알고 있는 복권과 내가 알고 있는 복권은 달라."

당연히 내가 모를 것이라고 예측하고 물어보았다는 식이었다.

나는 다시 물었다.

"새로 나온 거구나. 로또? 토토? 로로? 뭐야? 이름이 헷갈리던데."

"아니, 매우 진지한 일에 관해 이야기 하고 있는 거야. 도박 따위를 말하는 게 아냐."

다시로는 거듭 부정했다.

모를 줄 알고 물어본 질문이니까, 한 번쯤 틀려주는 것은 당연하다. 그러나 두 번이나 틀렸다고 몰아 부치니 마치 내가 바보 취급 당하는 것 같았다. 그래서 기분이 좀 그랬다.

나는 다시 다시로를 향해 (어렵지만 애써 머리를 그 쪽으로 향했다) 거듭 물었다.

"무슨 말인데?"

다시로도 나도 똑같이 방바닥에 드러누워 있는 상태였다.

방에 의자가 없었기 때문에 휴식을 취하려면 방바닥에 벌렁 드러눕는 게 상책이었다.

"오늘 은행 앞에서 복권 발매일이라며 판매사원이 하나 서 있는 거야."

"거봐. 복권이 맞잖아."

뭐야? 복권이 맞지 않는가? 내가 아니라 오히려 다시로가 바보 같았다.

그러나 다시로는 이번에도 굳이 아니라고 했다.

"잔소리 말고 들어봐. 내가 요전에 취업 세미나에 갔었잖아."

"응. 그랬다며? 예쁜 여자애가 한 명 따라왔다든가 그랬지, 아마?"

"난 역시 운이 좋은가 봐. 그 여자애가 합숙 프로그램에도 꼭 같이 가자는 거야."

다시로는 자랑스러운 듯이 신이 나서 말했다. 이야기가 샛길로 빠지는 것이 조금 신경 쓰였지만, 나는 그저 부러울 따름이었다. 사실 진심으로 부러웠다.

“좋겠다. 그래서 갈 거야?”

“아니. 세미나가 끝날 때 다 같이 교주를 찬양하는 노래를 부르기 시작하지 뭐야. 그래서 두 번 다시 안 가기로 결심했어. 그러니 벨이 울려도 문은 열어주지마. 하지만 세미나 자체에서는 경제학이나 경영학에 대해 토론을 했는데, 정말 공부가 됐어.”

“그래?”

“견해가 달라졌어. 견해가 달라지니까 지금까지 봐 왔던 것들이 완전 달라지는 거야.”

“그야 그렇겠지.”

“그러니까 복권은 이제 다른 거야. 판매사원에게 물어봤어. 만약 내가 복권을 산다면 당신은 내가 당첨이 될지 안 될지에 관심이 있느냐고.”

다시로는 천장을 가리키며 기고만장한 표정을 지어 보였다. 그 표정이 마치 그 때도 그런 얼굴로 말해주었다고 재연이라도 하는 것 같았다.

나는 다시 물었다.

“그랬더니 뭐라고 하던?”

“처음엔 무시하더라. 하지만 다시 물었어. 내가 당첨되는데 아무도 관심이 없는데, 무슨 수로 내가 당첨이 되겠느냐고”

“그랬더니?”

“역시 무시당했지. ‘그러면 수익금의 사용처라든가, 명세서 정도는 보내주겠지?’ 라고 했더니…….”

“그랬더니?”

“또 무시당했지. 그래서 그들의 모순된 점을 설명해줬어. 그리고 이런 사업에 투자할 수 없다고 했더니 놈들이 마침내…….”

“와~”

“몽둥이를 들고 쫓아오더라고. 아무 생각도 없는 놈들인 줄 알았는데 권력을 사용하는 방법에 대해서는 제대로 인식하고 있더라니까.”

“그 얘기 은행 면접 때는 써먹지 않는 게 좋겠다.”

“아, 일리 있는 말이야. 면접장소 같은 실내에서는 도망갈 곳이 없을 테니까."

이렇게 우리는 모순에서 모순을 터득해갔다. 적어도 바보들은 아니었기 때문이다.

다시로와 나는 이 기숙사에서 3년 이상, 아니 거의 4년 가까이 함께 지내왔다. 특별히 싸운 적도 없고, 별다른 마찰 없이 평온하게 지내왔다.

별다른 불만도 없었지만, 현재의 생활이 순조롭든 그렇지 않든 상관없이, 우리는 결국 취업을 해야만 할 것 같았다. 왠지 모르지만 그래야만 될 것 같았다.

"누구나 그렇듯이, 우리는 취업을 해야 해."

어느 날인가 나는 그렇게 말했다. 물론 벌렁 드러누워서. 누워서 뭔가를 결의한다는 것은 분명 멋쩍고 어려운 일임에 틀림없다. 하지만 다시로는 회의적이었다. 그러더니 내게 되물었다.

"누구나?"

"그럼."

나는 단호하게 잘라 말했다. '아무리 생각해도 그렇다'는 결론으로 확신에 차서 말이다.

다시로는 여전히 납득할 수 없다는 표정이었다.

"하지만 일하기 싫은 사람도 있거든."

"그렇게 말하면 곤란하지. 일하고 싶은지 아닌지는 상관없어. 취업은 그냥 무조건 하는 거야."

나는 주먹을 치켜올렸다. 다시 생각해도 매우 훌륭한 결론이다 싶었다.

그러나 다시로는 또 반문했다.

"그렇다면 일하지 않아도 되는 경우에는 어떻게 해야 좋을 지 생각하는 것도 바람직하지 않을까? 우리에게는 문명을 발전시켜야 하는 의무도 있을 거라고. 특권계급인 학생으로서의 의무."

"으응……."

다시로의 일격은 위력이 있었다. 나는 말이 막히면 이 소리가 나온다.

실제로 '으응'이라고 하기보다 '으응?'에 가까운데 의문이 아니기 때문에 의문부호는 붙이지 않는다. 그리고 '으' 소리는 작아서 잘 들리지 않고, '응' 소리의 '으'는 '에'에 가깝기 때문에 '으엥'이 가장 정확한 표기일 것이다.

그러나 일본어는 발음을 표기하는 데는 다소 미흡한 언어이다. 아무리 발음을 정확하게 표기하려 해도 뭔가 불분명해진다. 그런대로 의미를 제대로 전달하기 위해서는 '으응'이라고 쓰는 것이 가장 무난하다.

여하튼 다시로의 말에는 납득할 수 없는 부분이 있었다.

"과연, 맞는 말이다. 나는 코앞에 닥친 일로 온통 마음을 빼앗기고 있었어. 학생 때부터 노동자로 전락해 있었지. 그런데 말이야, 일하지 않고 살아가는 방법이 과연 있을까?"

"당연히 있지. 요전에 취업 세미나에 갔었는데, 그런 화제가 크게 인기를 끌었어."

"너 또 갔어?"

"교주님을 찬양하는 노래도 완벽하게 마스터했지. 이제는 노래를 부르기 시작하는 타이밍을 파악하기만 하면 돼. 놈들은 대화가 막히면 갑자기 노래를 부르더군."

다시로는 의기양양해져서 이야기를 시작했다.

"도대체 노동이 뭐야? 보수를 얻기 위해 일하는 거잖아."

"그거야 그렇지."

"그러니까 목적은 보수이고, 노동은 수단인 거야. 수단을 생략하고 결과를 손에 넣는 발명을 하는 식으로 과학기술은 발전해왔거든. 즉 연금술이지."

"그건 그래."

나는 고개를 끄덕였다. 누워서 끄덕인다는 것은 어렵지만, 몇 번이나 반복해서 하다보면 그다지 어렵지 않게 된다. 나는 해냈다.

그리고 다시로의 반응에 대비했다. 이럴 때면 다시로는 정말 총기가 돌았다.

그는 이렇게 말했다.

"내가 생각했는데, 그 발명은 이미 오래 전에 달성되었을지도 모르겠어."

"뭐라고?"

그건 엄청난 일이었다. 간과할 수 없다. 아니, 이 시점에서

논쟁을 끝내버릴지도 모른다. 아니 어쩌면, 이미 인류의 전반적인 시스템에 마침표가 찍혔는지도 모른다. 결정적으로 다시로가 그 열쇠를 풀어가며 해명했다고 한다. 그렇다면 정말로 대단한 놈이 아닌가. 다시로는 다시 말을 이었다.

"그건 마피아의 발명이야."

"마피아?"

"그래. 놈들이 재력을 갖게 된 것도 말이 된다니까? 마술에도 속임수가 있게 마련이잖아."

"설득력 있는 말이군."

"여기 점포가 하나 있다고 해보자. 잡화상 같은 걸 상상해봐. 그 가게는 날마다 백 명의 손님이 와야 유지가 되는 거야."

"마피아는 매일 그곳에서 물건을 사는 거야. 마피아는 족히 백 명은 되니까 가게는 유지가 되겠지. 더욱이 마피아는 어차피 필요한 물건을 사는 거니까 아무 손해가 없는 거야."

"그렇구나."

"그리고 마피아는 정기적으로 그 가게를 습격해 일당을

거둬 가지. 하룻밤에 엄청난 돈을 가져가는 거야. 이것을 반복해봐. 마피아와 가게주인 쌍방이 점점 돈을 벌게 되는 거잖아."

다시로의 이야기는 일단 거기까지였다.

나는 잠시 생각에 잠겼다. 그리고 이렇게 말했다.

"습격하면 안 되지."

"어? 어째서?"

"아니 가게주인이 죽을 거 아냐? 그러면 끝이지."

"그렇게까지 나쁜 놈들이야? 마피아란 게."

"방해되는 놈들은 모조리 죽이잖아. 죽일 대상에게 검은 장미를 보낸다든가 해서, 지들 하고 싶은 대로 하잖아."

"아니, 장미라고 하는 것은 특별히 나쁜 게 아니잖아. 꽃일 뿐이니까."

"하지만 기타 케이스에 든 기관총으로 쑥대밭을 만들어버리곤 하잖아."

"기타 케이스도 특별히 나쁘진 안잖아. 들어 있는 물건을 보호할 뿐이니까. 알맹이만을 들고 가는 게 오히려 무뢰한

이지."

다시로가 말하는 동안 나는 잠시 다시 생각을 하고서, 납득할 수 없는 것이 있음을 깨달았다.

"그래? 그렇지만 말이야. 죽일 대상에게 죽음의 키스도 하잖아."

"죽일 대상에게는 장미라며?"

"장미가 피지 않는 계절도 있으니까. 꽃가루 알레르기가 있을지도 모르고."

"키스도 특히 나쁘지는 않잖아."

"하지만 죽일 대상은 대체로 남자일 거야. 마피아의 살인 청부업자도 대개는 남자잖아."

"그건 좀 곤란한데."

"응."

"개인적인 취미라면 할 수 없지만 그런 것 같지도 않고."

"게다가 네 이야기에는 근본적으로 문제가 있어."

"그래?"

의아해 하는 다시로에게 나는 그의 이야기의 문제점을

지적했다.

"우리는 둘밖에 없잖아. 백 명은 무리야."

"그러고 보면 아무 의미 없네. 무리다."

다시로는 아주 실망을 한 모양이다.

하지만 나는 다시로를 위로하기 위해 말했다.

"하지만 적당한 선을 말해주었다고 생각해. 나는 네가 주식이나 주주, 뭐 이런 시시한 이야기를 할 거라고 생각했었거든."

"그런 건 도박이지."

"그렇지?"

"역시 결론은 노동밖에 없다."

"속이 다 후련하네."

"그렇지?"

속은 후련했지만 우리는 결국 취업을 해야 한다는 결론에 이르렀다.

이미 밤이 깊었다. 내일부터는 우리가 내린 결론대로 해나가야 한다.

취업지도센터

'누구나 그렇듯이, 우리는 취업을 해야 한다.'

다시로와 나는 대학 취업지도센터의 도움을 받기로 했다. 다양한 정보와 어드바이스를 받아서 대처하는 게 시간을 대폭 줄일 수 있기 때문이다. 대학의 주된 목적 역시 거기에 있었다.

대학 내 취업지도센터는 사람들의 통행이 거의 없는 후미진 구석에 있는 게 일반적이다. 그러다 보니 눈에 띄지도 않아 지도센터가 어디에 있는 지 알고 있는 사람 역시 거의 없다. 따라서 그 존재의 의미가 의심될 정도였다. 우리는 사실 그런 것이 아닌가 하고 생각했지만 그것 역시 분명치 않다.

그럼에도 불구하고, 다시로와 나는 힘들여 취업지도센터를 찾아냈다. 취업지도센터를 찾기 위해서 실로 어려운 일도 많았지만 우리는 결국 해냈다. 이런 어려움에 관해서는 구차하게 얘기를 늘어놓을 필요조차도 없을 거라고 생각한다. 일부러 대학 같은 곳에 애써 오려고 했던 것이 아마 가장 곤란한 일이었을 것이다.

센터 안으로 들어갔다. 그러나 아무도 없었다. 뿐만 아니라 아직 시간이 이른데도 불구하고, 노을빛이 창가에 비추고 있었다. 그럴 시간대가 아니었기 때문에 실제 노을이 지는 것은 아니겠지만, 이미 그 방 분위기는 항상 해가 지는 색감을 띠고 있지는 않나 싶은 생각이 들었다.

"아무도 없네."

보기만 해도 알 수 있는 것을 다시로가 말했다.

'보기만 해도 알 수 있는 것'이라고는 하지만, 생각해보면 그렇지만도 않을 때가 있다. 예를 들면, 양자역학이 그렇다. 명명백백한 일을 아주 머리가 좋은 사람이 그것에 몰두하여, 생각하면 할수록 분명히 알 수가 없게 되는 인류의 큰 낭비, 대참사가 그렇다. 양자역학이 우주에 통용되고 있다고 할까, 통용되기를 기대하는(**너무 깊이 생각하니까 반드시 바꿔 말할 필요가 있다.) 것이 이 방에도 적용된다.

나는 보기만 해도 알 수 있는 실내의 무인성에 대해 곰곰이 생각하면서 둘러보았다. 그 결과, 다사로의 말에 다음과 같이 대답했다.

"그런 거 같네."

가능성은 부정하지 않는다. 취업지도센터는 그리 넓지도 않고, 자료들이 꽂혀 있는 책꽂이와 책상과 의자가 양옆으로 있기 때문에 더욱 좁아 보였다. 언뜻 보아서는 사람이 없는 것처럼 보이는데, 어딘가에 숨어 있을지도 모른다. 뭔가의 작용으로 빛이 굴절하여 있는지도 모르고, 선천적으로 투명한 사람이 있는지도 모르고, 때마침 외출한 것인지도 모른다.

왜 이렇게까지 의심하는가 하면, 우리는 조언을 들으러

왔기 때문이다. 아무도 없다면 그 일이 불가능한 것이 아닌가.

난감했다. 뭔가 곤란해질 것 같은 느낌이었다. 그래서 다른 가능성을 찾아보았지만 왠지 해결책이 쉽게 떠오르질 않았다.

"곤란한데."

다시로가 중얼댔다. 나도 그 말에 동의하며 고개를 끄덕였다.

"아무도 없나요?"

다시 불러보았다. 그러나 여전이 대답이 없었다.

"도리가 없네. 잠시 기다려 보는 수밖에."

가까이 있는 의자를 끌어당기며 다시로가 말했다. 그리고 앉으면서 불만을 털어놓기 시작했다.

"정말 태만하군. 사람을 지도하겠노라는 중대한 사명을 가진 사람이 와서 보니 자리를 지키지 않다니. 무책임이 극에 달했어."

"그러게."

"취업지도자는 항상 취업지도센터에 있으면서 취업지도를 해야지. 지도를 받다보면 취업이란 무엇인가? 하고 길게 고민할 필요도 없어지는데."

"합리적이군."

"그야 당연하지. 졸업까지 6개월도 안 남았는데. 단시일 안에 일을 진행하지 않으면 안 되잖아."

우리는 채 6개월이 남지 않는 소중한 취업 준비기간에서 한 시간을 낭비하며 기다렸지만 여전히 아무도 나타나지 않았다. 급기야 우리는 사무실 이곳저곳을 둘러보았다. 산더미처럼 쌓인 파일에는 서류마다 먼지가 쌓여 있었다. 아무도 이용하지 않는 방 같았다. 컨설팅 담당자가 아예 모습을 드러내지 않는 걸 보니 그도 그럴 것이다.

혹시 오늘 휴가가 아닐까 하고 말했더니, 다시로는 그것을 이내 부정했다.

"그렇지만 사무실 문이 열려 있었고 컴퓨터도 켜져 있는데……."

사무실 한 쪽 구석에 있는 책상에 컴퓨터가 한 대 켜져 있었는데 모니터가 우리 쪽을 향해 있었다. 전원도 ON이고 화면도 열려 있었다. 누군가가 사용하다가 나간 듯 했다.

"뭔가 작업하던 도중이었던 거 아냐? 무슨 작업을 하고 있었는지 보면 사정을 알 수 있을지도 모르겠다."

"그래."

어쩌면 컴퓨터를 사용하고 있다가 때마침 이곳에 운석이 떨어진다는 정보를 입수하고 도망을 친 건지도 모르겠다. 아니면 그 사람이 '자료 창 바로 앞' 지점까지 사용하던 기록만 남아 있을지도 모른다. 다시로와 나는 컴퓨터 화면을 들여다보았다.

뭔가 프로그램이 떠 있었고, 화면 가득 생생하게 타이틀 같은 문구가 있었다.

《취업지도 200×》

"어, 이게 뭐지?"

다시로가 중얼거렸다. 나는 고개를 갸우뚱할 뿐이었다.

"글쎄."

타이틀로 본다면 취업지도에 관계된 것임에 틀림없다. 분명 프로그램의 타이틀이었다. 타이틀 제목을 미루어 보면 그렇다. 번역된 서부영화의 제목이라면 또 경우가 다르겠지만 말이다.

그런데 그것은 정말로 단순한 타이틀 화면이거나 대기화면인 것 같았다. 뭔가 작업 중이던 화면 같지는 않았다.

"뭔가 입력할 수 있게 되어 있는 것 같은데."

타이틀 밑에 유저의 입력을 기다리는 스페이스와 커서가 깜빡거리고 있었다.

다시로가 호기심이 발동한 모양이다. 그가 키보드를 건드렸다. 아무것도 입력하지 않은 채 확인키를 누르는 것 같았다.

그때 삐~ 소리가 나면서 화면에 답변 글이 떴다.

《무슨 용건입니까?》

"와~."

다시로가 탄성을 질렀다.

그리고 이번에는 다음과 같은 말을 입력했다.

'아무도 없는가?'

삐~.

《아무도 없다면 아무도 없는 것입니다.》

"야, 이거 대단하네."

다시로는 다시 탄성을 지르며 완전히 감탄했다.

물론 나 역시 감탄했다. 대답 자체가 당장 도움이 되지 않더라도 컴퓨터가 이런 질문에 답을 할 수 있을 줄은 미처 몰랐기 때문이다.

다시로가 다시 다음과 같은 글을 입력했다.

'여기에는 우리 둘과 너밖에 없다.'

삐~.

《그렇다면 FTF 3000과 당신들 밖에 없는 것입니다.》

"FTF 3000?"

다시로가 말했다.

물론 나도 뭔지는 모르지만, 문득 생각이 떠올랐다.

"이 컴퓨터를 가리키는 거겠지."

"아아, 그렇겠네."

"시험 삼아 물어보면 어떨까?"

"그러자."

삐~.

《FTF 3000은 학생의 취업지도를 완벽하게 할 수 있는 최신의 소프트웨어입니다. 사용방법에 대해서는 아래 링크에서 매뉴얼을 참조해주십시오.》

"정말 그렇군."

나는 비로소 이해가 됐지만, 다시로는 조금 다른 것도 눈치챈 모양이었다.

"잠깐, 그렇다면 우리들의 취업을 지도하는 것이 이 기계란 말이야?"

"그것도 물어보는 게 좋겠다."

"아, 그럼…… '우리들의 취업을 지도하는 것은 너니?'라고 말이야."

삐~.

《그렇습니다. FTF 3000은 학생의 취업지도를 완벽하게

할 수 있는 최신 소프트웨어입니다. 사용방법에 대해서는 아래 링크에서 매뉴얼을 참조해주십시오.》

"으음."

다시로는 모든 걸 알아차린 눈치였다. 그러나 나는 완전히 감동에 빠져 모니터에서 시선을 떼지 못했다.

"이거 컴퓨터란 게 대단하네. 이런 걸 만들 수 있게 되었다니."

나는 컴퓨터란 것은 계산기에 그림이 들어간 정도라도 생각하고 있었다. 그래서 그다지 믿음이 가지 않았다. 어제까지는 귀여운 토끼 캐릭터가 춤을 추고 있었는데, 오늘은 화면이 새파랗게 변해 무기질인 영문자로 이렇게 말한다. 'If this is the first time you've seen this stop error screen, restart your computer.'

자신의 것인데, your라니. 마치 남의 얘기하듯 하지 않는가? 두 사람의 추억도 짓밟아버리는 냉혹한 롱 굿바이(long goodbye)인 것이다. 아무리 사랑스럽게 위장을 하고 있어도 살인기계라고 하는 타고난 본성은 감출 수가 없는 듯했

다. 적어도 '우리는 악몽, 세계의 종말, 기도해라.'라고 정직
하게 말해 주면 그 눈물에도 의미는 있을 텐데.

그러나 이 FTF니 뭐니 하는 것은 다시로의 애매한 질문에
도 분명히 답을 하고 있다. 그렇다면 인간과 다름이 없지 않
은가.

다시로는 더 이상 말로 하지 않았다. 그러더니 잠시 후 다
시 뭔가를 입력햇다.

'어째서 너지?'

삐~.

《FTF 3000은 채용되었기 때문입니다. FTF 3000은 학생의
취업지도를 완벽하게 할 수 있는 최신 소프트웨어이기 때
문에 아무 문제가 없습니다. 사용방법에 대해서는 아래 링
크에서 매뉴얼을 참조해주십시오.》

"사용방법이란 걸 보면 어때?"

내가 말하자, 다시로도 궁금했든지 '그러자'고 했다.

줄줄이 어려운 문자만 나열될 것으로 생각했는데 의외로
쉬웠다.

《유저에 감사드립니다. FTF 3000은 학생의 취업지도를 완벽하게 할 수 있는 최신 소프트웨어입니다. 사용방법은 아래 링크에서 매뉴얼을 참조해주십시오.》

우리는 분명 문구를 읽어 내려가는 것 이상으로 많은 시간을 화면을 들여다보며 서로에게 중얼거렸다.

"…… 이거 말하고 싶지 않은 거 아냐?"

"그렇군. 여기까지만 말하고 싶었을 뿐인 것 같군."

더 상세한 사용방법이란 걸 보면 좋을지 모르겠지만, 다시로는 그렇게 하지 않았다. 다시 화면에 질문을 입력했다. 나는 뒤에서 보고 있었다.

'취업을 지도해줘'

삐~.

《지도를 하겠으니, 어떤 지도를 희망하는지 말씀해주십시오.》

"제법인데."

나는 깊이 생각하지 않고 말을 내뱉었지만, 다시로는 의심스러운 듯이 나를 돌아보았다.

"뭐가 제법이야?"

"응? 아니, 알아듣잖아?"

"그래? 이상하잖아? 이거, 뭘 대답해야 할지. 가만 이거 질문하는 상대에게 다시 질문을 하고 있잖아?"

"그렇지만 그런 거잖아? 사람들도 그런 식으로 대화를 하는데 하물며 컴퓨터라고 별 거 있겠어?"

나는 말했지만, 다시로는 그 말에 동의하지 않았다.

"그럼 문제지. 즉 컴퓨터라고 하는 건 거기까지 인 거야. 왜 우리가 그런 수준의 컴퓨터 지도를 받아야 하는 거지?"

"직원의 태만도 극에 달했군."

"세상에! 우리들의 취업지도를 하는 게 이런 기계라니. 인간미고 뭐고 아무것도 없잖아? 인간 상담사는 어떻게 된 거야?"

다시로는 잠시 인상을 쓰더니, 의자를 빙그르르 돌려 다시 화면을 향해 앉아 질문을 입력하기 시작했다.

'인간 직원들은 모두 어디에 있는 건가?'

삐~.

《모두 해고되었습니다.》

'무슨 이유로?'

삐~.

《FTF 3000이 도입되었기 때문에 필요 없게 되었습니다.》

"기계에 밀려서 해고가 된 상담사보다는 기계의 지도를 받는 게 나을지도 모르지."

다시로는 아무 말이 없었다. 그래서 이번에는 내가 나섰다. 그리고 어쩌면 다시로도 생각하고 있었을 것에 대해서 물었다.

다시로는 그런 나의 패배주의를 한 번 노려보고는 아무런 반론도 하지 않았다. 다만 끈질기게 물고 늘어지듯이 이렇게 입력했다.

'정말 너로 괜찮은 건가?'

삐~.

《기계적으로는 FTF 3000이 종래의 지도원보다 20% 유능합니다.》

'어떤 면에서 유능한 건가?'

삐~.

《성능에서 20% 낮습니다.》

'그러니까 성능이란 어떤 건가?'

삐~.

《FTF 3000의 기능은 취업을 지도하는 것입니다.》

'그것을 구체적으로 듣고 싶다.'

삐~.

《FTF 3000은 구체적으로 대답을 하고 있습니다.》

그런데 갑자기 다시로의 손이 멈췄다.

다시로의 질문이 멈췄다는 것은 컴퓨터의 화면도 멈췄다는 것을 의미한다. 이것이 인간이라면 상대의 질문이 멈추면 불안해지겠지만, 컴퓨터는 개의치 않고 당연하다는 듯 자신만만하고 침착했다.

길게 한숨을 쉬고 나서 다시로가 중얼거렸다.

"한 가지 알았다."

"뭐를?"

내가 묻자, 다시로가 말을 이었다.

"왜 직원이 해고되고 이것이 채용되었는지."

"오~."

"직장이란 건 제 역할을 하든 말든 어느 한부분도 틀리지 않고 답하는 놈이 살아남는 거야."

"그렇구나."

우리는 모니터 화면을 그대로 놔 둔 채 취업지도센터를 나왔다.

아마 컴퓨터는 사무실 문을 닫을 시간이 되면 자동적으로 전원이 꺼질 것이다. 그런 것 따위는 아무도 신경 쓰지 않을 테니까.

취업 선배의 노하우

'누구나 그렇듯이, 우리는 취업을 해야 한다.'

이건 어쩌면 예전부터 그렇게 해온 관행일 것이다. 사회가 구성되어온 이래 오랜 옛날부터 말이다. 그러니까 왜 그래야 하느냐면 '지금까지 누구나 그래 왔기 때문'이다.

이런 사실을 알게 된 우리는 지금까지 선배들도 모두 취업을 해오고 있음이 분명하다는 결론에 이르렀다. 모두가 언젠가는 대학을 떠나게 된다는 사실은 취업을 해서 나간다는 사실을 의미했다. 이런 확신을 갖고, 우리는 일보 더 진전했다. 경험자에게서 정보를 얻게 되면 매우 유익할 것이라는 확신이 들었다. 틀림없이 어영부영하며 대학 내에 있는 취업지도센터를 들락거리기는 것보다 훨씬 더 유익할 것이다.

그러자면 우선 그럴만한 선배를 찾아야 했다. 쉽지 않은 일이었지만, 우리는 결국 해냈다. 그리고 선배에게 전화를 걸었다. 성가신 일이었다.

선배와는 다음 일요일 오후 1시에 커피숍에서 만나기로 약속했다. 그리고 취업을 해야 하는데 조언을 해주십사 하고 솔직하게 말했다.

약속된 일요일 오후 1시까지는 별로 할 일이 없었기 때문에, 우리는 방바닥에 누워 뒹굴며 지냈다. 그리고 예의 약속 시간이 되어 커피숍으로 나갔다. 선배의 모습은 아직 보이지 않았다.

"아직이네."

그렇게 말을 하는 다시로는 왠지 흥분한 듯 했다. 무릎 위에 손을 올려놓고 들떠있는 분위기였다. 아까부터 몇 번이나 입구 쪽을 바라보고 있었다. 초조해하는 표정이 역력했다.

"오늘의 거사는 상당한 일이라고 난 생각해."

"아주 애매한 말을 하는데?"

내가 말하자 다시로는 예상밖이란 표정을 지었다.

"넌 모르겠니? 오늘 이 약속은 정말 상당한 의미가 있는 거라고."

"뭐가 상당하다는 거야?"

"진전 말이야."

다시로가 자신 있게 단언을 했기 때문에, 나는 녀석의 오판을 납득할 수가 없었다.

"진전이라니?"

"진전의 상태 말이야."

"무슨 소리야?"

"그러니까 지금까지는 한 걸음씩 진전했지만, 오늘 일은 삼보 정도는 진전한 것이 분명하다는 거야."

"뭐야? 구체적으로 말해봐."

"살아 있는 인간의 말은 그 정도로 가치가 있다는 거야. 어쨌든 선배는 취업의 중심에 있는 인물이야. 바꿔 말하면 오늘 선배가 말하는 것을 얼마나 훔쳐갈 수 있느냐가 관건 이지."

"그렇군."

"생각해봐. 백 퍼센트 훔쳤다고 한다면 우리는 이미 취업 한 거나 마찬가지라고."

분명히 그럴지도 모른다.

그렇게 생각하니 다시로의 흥분이 내게도 감염이 되는 것 같았다. 나도 조금씩 흥분이 되는 것이 느껴졌다.

"말되네."

"그치? 선배의 껍질을 벗겨 그걸 걸치고 내일부터 선배로 변신할 심산으로, 나는 오늘을 준비했거든."

"그거 대단한 각오인데."

내가 감탄하자, 다시로는 나보다 앞지르게 된 것을 노골 적으로 자랑스러워했다.

"너무 준비를 해서 벌써 껍질 벗기는 일만 남았다고 생각할 정도야."

"그건 좀 지나친데."

"너도 그렇게 생각하니?"

이런 말들을 주고받는 사이, 선배가 마침내 모습을 드러냈다. 특징이라면 우리들보다 1~2년 정도 더 살았다는 것뿐이었다.

"어이!"

선배는 우리를 향해 하대조로 인사를 한 후 맞은편 자리에 앉았다. 그리고 자리에 앉자마자 웨이트리스를 향해 커피를 주문했다.

"너희들 아주 오랜만이다."

"그렇습니다."

"1년 정도 됐나?"

"벌써 그 정도 되나요?"

"아니, 더 되나? 응, 그러니까, 아아 그렇지! 기노시타(木下)가 입원하기 전일 거야. 그렇다면 아마 2년은 되는 거 같은데."

"맞아요. 기노시타 선배님이 입원하기 전이라면 2년 정도 되는데요."

선배와 후배의 사이의 완벽한 대화였다.

그러고 있는 동안 선배가 주문한 커피가 나왔고, 선배는 여전히 선배답게 커피에 아무것도 넣지 않은 채 훌훌 마시기 시작했다.

다시로와 나는 레몬 스카시를 마셨다. 보통 후배는 이런 것을 마시게 되어 있다. 어디에도 기록되어 있는 건 아니지만 마치 세상의 섭리처럼 그렇다. 그것을 거스르는 것은 허용되지 않을 뿐만 아니라 있을 수도 없는 일이다. 있을 수도 없는 일이기에 벌칙 같은 것도 정해져 있지 않다. 만약 있다면 아마 죽음일 거라고 생각한다.

"그런데 너희들, 업무에 관한 이야기를 듣고 싶다고 했지?"

"네."

내가 대답했다.

언뜻 보니 다시로의 눈에는 핏기가 서려 한 층 더 흥분해 있는 것처럼 보였다. 그 생각 탓인지 테이블 밑에서 꿈틀대는 녀석의 손가락이 마치 가위질을 하는 것처럼 느껴져 내심 불안했다. 하지만 다시 생각해보니 그 동작을 이해할 수 있었다. '역시 껍질을 벗기는 데는 가위를 사용하는 것이로구나.'

"어쨌든 저희는 취업이 뭔지 전혀 모르겠습니다."

"전혀?"

"네. 전혀요."

내가 단언하자, 선배는 고개를 크게 끄덕였다.

"그렇겠지. 나도 그랬으니까."

"선배님은 어떻게 극복하셨나요?"

"나도 선배로부터 '아, 이거구나!' 싶은 조언을 받았지."

"선배님의 선배님 말인가요?"

"그렇지."

맞아, 선배에게도 선배가 있엇구나. 결코 이상하지 않은 당연한 사실이었다. 우주 밖에 우주가 있는 것처럼, 세상은 의외로 그러한 불가사의가 통용되고 있는 것이다.

어찌됐든 우리는 이야기를 재촉했다.

"어떤 조언을 받으셨습니까?"

"듣고 싶냐?"

"물론입니다."

이 대목에서 듣고 싶지 않은 사람이 있을까. 그것 때문에 여기 와 있는 건데. 설령, 다시로의 머릿속은 가위를 사용할 생각으로 가득 차 있어도, 나는 제정신을 유지하고 있었다.

"그건 말이야."

선배는 아주 거창하게 말을 시작했다.

"인간은 스포츠 관련 화제로 모든 것을 측량할 수 있어."

'앗, 지금 선배가 무슨 말을 하고 있는 것인가?'

어쩌면 이 자리에서 제 정신을 유지하고 있는 것은 나뿐인지도 모른다. 그러나 가위의 망상과 맥락 없는 선배의 망언에 끼여서 나도 모르는 사이에 궁지에 빠져 있는 것은 아닐까? 알 수 없는 노릇이다. 아무 생각 없이 앉아 있는 변기에 폭탄이 장착되어 있다고 해도 그리 놀랄만한 일이 아닌 게 요즘 세상이다. 팬티도 못 올려보고 죽을 지도 모르는 일이다. '아아, 역시 나는 주인공이 아니었던 것인가? 여기서 죽으면 다음 작품에는 등장할 수 없을 텐데……' 하면서 말이다.

"스포츠요?"

잘못 들은 게 아닌가 해서, 나는 다시 확인했다. 아니, 정확하게는 선배에게 고쳐 말할 기회를 주고 싶었다.

그러나 선배는 분명히 확신에 차서 고개를 끄덕였다.

"응. 직장에서는 가장 중요한 거야."

"무슨 말씀이죠?"

"모든 상대에 대해, 모든 상황, 모든 국면에서, 절대로 틀림없이 통하는 마법의 말이 있다고 하면 그건 엄청난 거지?"

"그렇죠."

"그건 직장에 있는 한 아무것도 걱정할 필요가 없다고 하는 거야."

"네에?"

"그게 바로 스포츠 화제란 거야."

"스포츠를 화제로 삼으면 어떤 난처한 상황에서도 벗어날 수 있다는 겁니까?"

"이해가 빠르군."

선배에게 칭찬을 받았지만 왠지 실감이 나질 않았다. 어쨌든 선배의 이야기에 귀를 기울였다.

"스포츠에 관련된 이야기를 잘할 수 있는 놈은 직장에서 한 수 위로 보거든. 아침 인사는 예외없이 어제의 승패, 그리고 전력분석이야. 이것이 정확하다면 머리가 좋은 놈으로 여겨지고, 틀렸다고 해도 애교 있는 놈으로 인망(人望)을 얻게 되지."

"더 자세하게 설명해 주시면 고맙겠습니다."

"어찌됐든 스포츠야. 야구든 축구든 스모(씨름)든 많으면 많을수록 좋아. 그래도 기본은 야구야. 요즘은 선수들의 약진으로 빅 리그까지 섭렵해야만 해서 보통 어려운 게 아니야."

"그런 겁니까?"

나는 놀랐다.

선배는 천천히 고개를 끄덕였다.

"어떻게든 꼭 다뤄야할 정보량이 엄청나게 늘었으니까. 빅 리그 팀 수는 30개, 벤치에 앉는 수는 한 팀 당 25명, 더구나 이게 시즌 중에 트레이드 리밋인 7월 말까지 정신없이 바뀌거든. 더욱이 트리플A까지 포함하면 천문학적인 숫자가 되지."

"천문학적인?!"

"그래. 소위 2000년 문제란 거야. 그 때 일본은 위기상황이었거든."

"그게 그 유명한……"

"데이터를 아무리 머리에 저장해도 다 사용하는 건 간단하지 않아. 예를 들어, 유럽선수권이라고 하면 그게 무슨 말인지 그 자리에서 판단해야 하니까."

이렇게 설명을 해도 나는 그저 눈만 깜박일 뿐이었다.

"유럽에서 개최되는 선수권이라 해도 여러 가지가 있겠죠. 휴대전화 던지기 세계선수권대회, 뭐 그런 거라든가."

"아아, 물론이지. '의외로 휴대전화보다 감자가 더 잘 난다.'는 이 말은 실로 의미가 깊지, 깊어."

나는 잠시 망설이다 한 마디 덧붙였다.

"에어기타 세계선수권은……?"

"그건 잊어 버려. 두 번 다시 말하지 마."

예상대로 선배는 그 자리에서 그렇게 말했다. 그리고 화제를 다시 원점으로 돌렸다.

"어찌 되었든, 그게 무엇이든, 그 장소의 공기, 말하는 사람의 기호, 유행을 민감하게 느끼고, 즉시 대응할 수 없다면 모가지야."

"모가지요?"

"당연하지. 경추를 치는 거야"

"해부학적으로?!"

"직장은 무능한 사람을 살려둘 관용은 절대 없거든."

멍하니 할 말을 잊은 나를 달래듯이 선배는 손사래를 쳤다.

'휴' 하고 한숨을 지었다. 앉아있는 곳이 금연석만 아니라면 담배를 한 대 피우고 싶은 심정이었다.

선배는 창밖 유리창 사이로 이 가혹한 분위기를 알지 못한 채 웃으며 왕래하는 사람들을 향해 시선을 보내고 있었다. 그 눈길은 이상하리만치 평온했다.

그런 선배의 모습을 지켜보느라 잠시 뭘 물어봐야 할지 혼란스러웠다. 그러자 선배가 이야기를 계속 이어갔다.

"온정이 있는 직장이라면 산재로 인정해주겠지. 죽은 자하고는 상관없지만 유족을 위해서⋯⋯. 생각컨대, 수준 있는 직장인지 아닌지는 유족보상이 있는지 없는지의 차이 정도로 밖에 찾아볼 수 없으니까."

선배의 이야기를 들으면서 나는 비로소 눈치를 챘다.

그렇다. 선배는 무턱대고 싸우고 있는 것이 아니었다. 사회를 보존해 나가기 위해서 싸우고 있는 것이다.

도대체 이게 무슨 일인가? 떨린다. 이것이 가치 있는 일이란 말인가?

나의 감동 따위는 아랑곳 하지 않고 선배는 이야기를 계속했다.

"퇴근할 때는 물론 경기장에 간다고 말하고, 서둘러 일을 끝내는 거야. 말해두지만 절대로 보러 가는 건 아니야. 한 경기를 느긋하게 볼 수 있는 여유가 비즈니스맨에게는 없으니까. 평균적으로 하루에도 다양한 프로 스포츠가 개최되거든."

"그걸 전부……"

"당연한 걸 일일이 묻지 말라니까. 그런 중에도 아마추어 스포츠를 얼마나 폭넓게 섭렵할 수 있는지가 승부의 관건이니까."

선배는 과거의 상처라도 어루만지듯이 가슴을 쓰다듬었다.

"그렇지만 젊어서 고생은 사서도 한다고 하지 않냐? 아아, 아니, 아니. '젊을 때 흘려보낸 땀은 늙어서 눈물이 된다.' 이거지. 으음, 하마터면 실수할 뻔했네."

어디 스파이라도 있을까 경계라도 하는 걸까? 선배는 땀을 닦으며 주위를 둘러보았다.

그리고 땀을 다 닦고 나서 다시 말했다.

"어디까지 말했지? 맞다. 아마추어 스포츠까지 섭렵하는 건 엄청난 일이지만 그건 장래의 재산이 되거든. 그 아마추어 선수가 훗날 프로가 되는 법이니까.”

“듣는 것만으로도 가혹한데요.”

“아아, 절대 방심은 금물이야. 스포츠 화제에는 덫이 많아. 나도 어제 걸릴 뻔했어. 다니(谷佳知. 역자주: 요미우리 자이언츠 소속 외야수. 국가대표 유도선수 다니 료코의 남편이기도 하다.) 선수에 관한 걸 아직껏……. 그, 그러니까 하마터면 실수할 뻔했지 뭐. 믿을 수 없는 실수였어. 순간적으로 그 옆에 있던 화단의 흙을 먹어서 착란을 일으킨 척하며 위기를 모면했지.”

“선배님 대단하시네요.”

“그렇지도 않아.”

강하게 부정하는 선배의 목소리에는 단순한 겸손 이상의 것이 깃들어 있었다.

선배는 가만히 내 눈을 보더니 진지한 눈빛으로 다음과 같이 말했다.

“위대한 건 이치로(鈴木一朗. 역자주: 미국 메이저 리그

시애틀 마리너스 소속 외야수)야. 그는 미국에서 인정받은 남자 정도가 아니야. 미국에서 새로운 가치로 인정을 받은 남자거든."

"이치로를 존경하십니까?"

"아니, 잘 몰라. 아마도 장남이겠지? 의심할 여지없이."

선배는 그렇게 말했다.

"잘 들어 둬. 스포츠 화제에서 중요한 건 히어로와 힐을 틀리지 않는 거야. 히어로에게는 한 없이 칭찬을 해주고, 국민영예훈장을 줘도 괜찮아. 반대로 힐은 어디까지라도 끌어내려서 몽둥이로 두들겨 패고 비난을 해도 괜찮아. 그 중간에 있는 건 화제로 삼을 필요조차도 없고."

그 후 선배의 이야기는 모모 왕자에서 모모 왕자로 이어져, 결국에는 모모 왕자에게까지 다다랐다. 현장감 넘치는 때로는 부모님과의 감동적인 추억담으로 눈물까지 보이면서. 물론 선배는 그 왕자들 가운데 어느 누구도 직접 만난 적이 없을 것이고, 정작 흥미조차 갖고 있지 않은 게 틀림없다.

그러나 나는 더 이상 끼어들지 않았다. 그저 듣고만 있을 뿐이었다.

이윽고 날이 저물었다. 선배는 시계를 들여다보았다.

"아아, 벌써 시간이 이렇게 됐네. 이제 슬슬 가야겠는걸."

선배는 자리에서 일어서며 빙긋이 웃었다.

"주말에 놓쳐선 안 되는 경기가 있어서."

"오늘 정말로 고마웠습니다."

"무슨 소리? 이런 걸 후배에게 말하는 건 내 자신에게도 재확인을 시키는 시간이기 때문에 오히려 내가 더 고마운 일이지. 그럼, 분발하고."

"넵!"

나는 진지하게 고개를 끄덕였다.

어느새 떨리고 긴장했던 몸이 풀려있었다. 내 몸도 조금은 전장에 적응이 된 것인가?

자신의 커피 값을 테이블 위에 놓고 나가다가 선배는 뒤를 돌아보았다. 그리고 마지막으로 조언을 했다.

"유명 선수의 피칭 폼은 모두 익혀 두는 게 좋아. 회식자리에서 도움이 되거든."

"네."

아아, 이게 도대체 웬 일인가? 껍질을 벗겨 내고 싶다. 벗겨서 그 사람으로 변신하고 싶다.

그제야 나는 옆자리에 있던 다시로를 의식했다. 다시로는 시종일관 아래를 내려다보고 있었다. 그러고 보니 그의 핏기 서린 눈과 뭔가에 홀린 듯한 신음소리도 이젠 멈춰 있었다.

안정된 모습을 되찾은 다시로에게 물었다.

"어땠니?"

다시로의 대답은 이러했다.

"가위로는 안 되겠어."

시종일관 그 일만을 생각하고 있었던 모양이다.

그에 대해 이러쿵저러쿵 말하는 것보다, 어째서 가위로는 안 되는지가 궁금하다고 물어보면 나를 이상한 놈이라고 생각하겠지? 그러나 냉정하게 생각해주었으면 싶었다.

그래서 다시 물었다.

"그래?"

"가위는 입체물을 자르는 데는 적당하지 않아. 인간이 만드는 기계는 모두 그래. 대개 입체물을 가공하는 데는 적합하지가 않거든. 사고가 평면적이어서 그렇겠지?"

"야구를 대입해서 생각하면 어떤 이야기가 될까?"

"방망이는 수직으로 날아오는 변화구에 약하거든."

다시로는 불쑥 이렇게 중얼거렸다.

나는 잠시 그 대답을 음미하며 고개를 끄덕였다.

"그렇군. 설령 우주 밖에서 와서 현지 사람들이 사용하는 가위에 대해 불편함을 느끼고, 인간의 껍질을 벗겨 그 사람으로 변신한 외계인이라 하더라도 이렇게 스포츠로 환언하면 금방 직장에 적응해 버리겠지?"

"그런 건 스포츠 이외에서는 절대로 이루어질 수가 없어."

"아아."

"그런데 저 선배 지금 무슨 일 하고 있지?"

"몰라. 그게 뭐가 중요해?"

그렇게 우리는 삼보 진전한 것을 실감하고 만족해 하며
집으로 향했다.

누구나 일하고 싶은 회사

'누구나 그렇듯이, 우리는 취업을 해야 한다.'

과연 취업이 무엇인지 이해하는 데 필요한 건 무엇일까? 시시한 야구 이야기 따위가 아니다. 그렇게 결론에 이른 우리는 바로 다음 과정에 도달할 수 있었다.

즉, 취업에는 회사가 필요했다. 들어가려고 하는 회사가 없으면 취업할 방법이 없기 때문이다. 완벽한 논리로 실증할 필요도 없다.

"그런데 회사란 게 상당히 많네."

나는 회사 안내 책자를 산더미처럼 방에 쌓아놓고 다시

로를 향해 이렇게 말했다. 요란한 사진으로 치장한 각종 회사 팸플릿이 방을 가득 채울 정도였다. 모두 대학에서 가지고 온 것이다.

"이렇게 많은 회사가 사원을 모집하고 있단 말이야?"

다시로가 말했다.

그는 수학적인 화제를 다룰 땐 언제나 습관처럼 말하면서 손가락을 접었다.

"일할 의욕이 있는 학생 수보다 분명히 많은 거 같은데."

"그렇게 많을까?"

"일할 의욕이 있는 학생은 그렇게 많지 않을 걸?"

"분명 그럴 거야. 우리들 외엔 본 적이 없으니까."

"맞아. 공급과잉이란 이런 걸 말하는 건가 봐."

우리는 납득을 하면서 쇠퇴가 예견된 일본의 산업구조에 대해 비관적인 전망을 하고, 다시 산더미처럼 쌓여 있는 회사 안내서로 눈길을 돌렸다. 이상한 일이지만, 우리들이 아무리 고도의 내용으로 의논을 한다고 해도 해야만 하는 일은 줄지 않았다.

"공급과잉이란 건 파는 쪽에서 좋은 걸 선택해야만 하는 걸 의미하지?"

"그렇지. 손해를 볼 수는 없으니까."

"그럼, 가장 좋은 회사란 어떤 어떤 회사일 까?"

"그건, 누구나 일하고 싶어 하는 회사겠지."

"당연한 얘기겠지만, 내 말은 어떤 회사가 누구나가 일하고 싶어 하는 회사냐 이거지."

"그런 거야, 정해져 있지."

다시로는 단언하고, 잠시 생각에 잠겼다.

설마 말 먼저 해두고 나서 생각을 하는 것은 아니겠지만, 다시로는 꽤 오랫동안 간격을 두고서 말을 꺼냈다.

"멋있는 회사."

"멋!"

"그래. 일을 한다는 건 무엇을 위한 것일까? 생각해봐. 나도 지금 생각했어."

"역시 말을 먼저 하고 나서 생각을 했군."

"응. 그러니까, 일하는 것은 자랑하기 위해서라고."

"그렇군. 그렇다면 달리 일할 이유가 없네."

법은 그렇게 말하고 있다.

일찍이 노동이 생존이나 생활을 위한 것이던 시대가 있었다. 먼 옛날의 일이다.

그러나 노예제도는 이미 금지되었다. 일하지 않으면 죽는다고 하는 야만적인 규정에서 우리는 해방되었다. 아이들의 급식비를 지불할 필요도 없다. 이제는 자랑하기 위해 일하는 것이다. 일하지 않아도 죽지 않지만 자랑할 수 없으면 죽는다.

다시로는 거듭 고개를 끄덕였다.

"멋있는 게 다야. 너 찻집에서 '영수증 써주세요. 회사명은 포모리, 으음…… 포도의 포, 모두의 모, 그리고 리, 포모리 주식회사로 부탁합니다.'라고 말했는데, 점원이 못 알아듣고 다시 한 번 설명을 해야 한다고 생각해봐. 내가 실수한 것도 아닌데, 상대방도 짜증난 얼굴을 하고, 그쯤에서 뒤에서 수군거리기라도 할 것 같은 분위기가 된다면 21세기에는 즉사를 면할 수가 없을 거야."

"주식회사 포모리? 분명 그 정도라면 좀 생각해보겠는데."

"즉, 우리는 선택해야 하는 회사는 단 하나, 바로 여기야."

그렇게 말하면서 다시로는 회사 안내서를 하나 손에 들었다.

슈퍼 기가 테크놀로직 하이퍼 로지컬 사이언스 사는 고엔지(高円寺)에 있었다.

고엔지에 슈퍼 기가 테크놀로직한 사옥이 서 있다면 역에서 한 눈에 알아볼 수 있을 텐데……. 안내서에 의하면, 고엔지 역에서 버스로 15분 정도 걸린다고 했다.

우리가 고엔지에 온 것은 처음이었다. 지명에 사(寺)자가 붙었으니까 대형불상이 거리에 죽 늘어서 있고, 여기저기서 종이 뎅그렁 뎅그렁 울리고, 스님들이 행렬을 이루어 걷다가 조금이라도 틈을 보이면 몽둥이로 때리러 올 것 같은 예상을 했는데 실상은 조금 달랐다. 도너츠 가게도 있었다. 그리고 부동산 중개소도 있었다. 그런 것들이 너무 많아서 곤란할 정도로. 정말 너무나 넘쳤다.

우리는 역을 나와 버스 정류장을 찾았다.

"슈퍼 기가 테크놀로직 방면으로 가는 버스가 있었지?"

나는 물었다.

다시로가 끄덕였다.

"맞아. 슈퍼 기가 테크놀로직한 버스일지도 모르겠네."

"그건 단순한 테크놀로직한 버스가 아니겠지?"

"물론이지. 단순히 테크놀로직한 정도도 아니고, 슈퍼 테크놀로직한 정도도 아니야. 슈퍼 기가 테크놀로직한 버스라고."

"버스조차도 그렇단 말인가?

"그러니까 방심은 금물. 슈퍼 기가 테크놀로직한 버스는 우리가 이미 알고 있는 것 같은 버스가 아닐지도 몰라."

"어떤 걸까?"

"50년 전으로 거슬러 올라가 당시의 사람들에게 지금의 휴대전화를 보여주면 그것을 전화라고는 인식하지 못하는 거와 비슷하지 않을까."

"그렇겠네. 도대체 뭐라고 생각할까?"

"글쎄, 어차피 그건 권외일 테니까, 그걸 뭐라고 한들 전화로서는 사용할 수 없다고 대답할 수밖에 없겠지."

우리는 버스 정류장을 찾았다. 둥근 금속판의 정류장이었다. 술주정뱅이에게 걷어차이지 않을 만큼 무거운 것이었다. 아니, 술주정뱅이에게 걷어 차이지 않기 위해 무겁게 만든 것 같았다. 그런 것 때문에 중력이 낭비되고 있는 것이다. 에너지 절약 따위는 공염불일 뿐이다. 나는 그것이 다른 데서 보는 것보다 특히 색다르게 여겨졌다.

"슈퍼 기가 테크놀로직인가?"

손가락으로 가리키며 묻는 내게, 다시로가 말했다.

"그냥 봐서는 그저 그런데 어쩌면 우리가 모르는 재질로 만들어진 건지도 몰라."

"그건 왜지?"

"슈퍼 기가 테크놀로직한 버스가 통과하면서 나오는 초음속의 충격파를 견딜 수 있는 강도는 돼야 하니까."

"그 정도야?"

"넌 도대체 슈퍼 기가 테크놀로직한 버스가 어떤 거라고 생각하니?"

다시로는 약간 아연실색한 표정이었다.

"나는 솔직히 불안해서 견딜 수가 없어. 무사히 지구로 귀환할 수 있을지 어떨지 말이야?"

"우주로?"

"슈퍼 기가 테크놀로지 앞에 우주라고 하는 건 기껏해야 공기의 벽을 뛰어넘은 정도에 지나지 않거든. 그게 5,300조 톤이나 된다고 하거든."

"그래?"

"반(反)중력이 그걸 가능하게 하지."

"반중력?"

일일이 놀라는 내게 다시로는 대응하기 어렵다는 듯이 손사래를 쳤다.

"어서 너도 따라와. 슈퍼 기가 테크놀로직한 세계로."

"알았어. 노력할게."

속상했지만, 다시로가 꺼낸 슈퍼 기가 테크놀로직한 과학적 실력에 미치지 못한 것도 사실이다. 솔직히 반성하는 것은 어렵지만, 결국 나는 해냈다.

잠시 후 슈퍼 기가 테크놀로직한 버스가 왔다.

그냥 봐서는 보통 버스였지만 5차원의 세계를 주행할 가능성이 충분히 있어 보였다. 그렇다면 터무니없는 거리를 순식간에 갈 수도 있다. 최근 들어 버스는 비접촉형 IC카드 시스템으로 탈 수 있다. 그러나 다시로의 말에 의하면, 슈퍼 기가 테크놀로지에 대응하는 비접촉형 IC카드가 아니면 요금을 지불할 수 없을지도 모른다. 슈퍼 기가 테크놀로지와 비슈퍼 기가 테크놀로지는 규격이 다르기 때문이다. 그렇기 때문에 우리는 버스비를 현금으로 지불했다.

15분 정도 지나서 우리는 목적지에서 내렸다.

언뜻 봐서는 주택지와 같았다. 그러나 두 말할 필요도 없이 슈퍼 기가 테크놀로직한 주택가는 아무것도 내세울만한 것이 없는 주택가와는 사정이 다르다. 어떻게 다른지는 잘 모른다. 다시로가 입을 굳게 다물고 있었기 때문이다.

안내서에 있는 지도를 들고 슈퍼 기가 테크놀로직 하이

퍼 로지컬 사이언스 사를 찾았다. 회사는 슈퍼 기가 테크놀로직한 연립주택의 2층에 있었다. 슈퍼 기가 테크놀로직한 검붉은 갈색의 목조주택으로 슈퍼 기가 테크놀로직하게 건축한 지 15년은 지난 건물이었다.

우편함에는 손으로 쓴 문패로 틀림없이 슈퍼 기가 테크놀로직 하이퍼 로지컬 사이언스 사라고 쓰여 있었다. 202호였다.

우리는 계단을 올라가 202호 문 앞에 섰다. 문에도 역시 문패가 붙어 있었다. 우리가 찾던 슈퍼 기가 테크놀로직 하이퍼 로지컬 사이언스 사다.

나는 다시로를 보았고, 다시로는 나를 보았다. 잠시 얼굴을 마주보고 있다가, 서로 할 말이 없음을 확인하고 벨을 눌렀다.

"예~."

문 너머로 목소리가 들렸다.

타닥타닥 하는 발소리가 들리더니 곧 철컥 소리를 내며 문이 열렸다. 그러나 문에 체인이 걸려 있어서 작은 틈만 보일 뿐이었다. 거기에 중년 남자의 얼굴이 반 정도 보였다.

"어디서 오셨죠?"

우리는 어제 전화로 약속한 것과 이름을 밝혔다.

"회사 견학하러 온 학생들이군요? 아, 네, 네. 두 분."

남자는 벗겨진 머리를 자기 손으로 철썩 때리면서 그렇게 말했다.

문이 닫히고, 체인이 벗겨지는 소리가 들리더니 이내 문이 열렸다.

"어서 오세요."

남자에게 안내를 받아, 우리는 슈퍼 기가 테크놀로직 하이퍼 로지컬 사이언스 사로 들어갔다.

방은 다다미 여섯 장 크기 정도였다. 다다미가 깔려 있어서 가늠하기가 쉬웠다.

현관에서 신발을 벗을지 말지 잠시 망설였지만, 이미 남자 구두가 현관 앞에 나란히 있었기 때문에 우리도 신을 벗었다.

"아직 많이 덥죠?"

남자는 그렇게 말하면서 풀려 있던 넥타이를 고쳐 매는 시늉을 했다.

"자, 이리로 와요. 어려워 말고. 시원한 차라도 한 잔 드릴까요?"

그러면서 우리를 탁자 앞으로 안내한 후 냉장고 문을 열었다.

그러나 딱히 대답을 기다린 것도 아닌 듯 남자는 물병에 든 차를 꺼낸 후 찬장에서 유리컵을 세 개 꺼내 차례대로 차를 따랐다.

기다리고 있는 동안 우리가 할 수 있는 일이라고는 방 안을 둘러보는 것 뿐이었다. 현관, 부엌, 냉장고, 탁자가 보였다. 탁자 옆에는 방석이 몇 장 정도 있었다. 그 옆으로 아무렇게나 쌓아서 구석으로 걷어치운 듯한 이불이 한 채 있었다. 텔레비전도 한 대 있었다. 실내 안테나가 쓰러질 듯이 비스듬히 세워져 있었다. 그리고는 읽다만 신문이 바닥에 펼쳐진 채로 아무렇게나 놓여 있었다.

이윽고 차를 담은 유리컵 세 잔을 쟁반에 받쳐 들고 남자가 다가왔다. 그러나 다가왔다고는 해도 한 칸짜리 방이기 때문에, 이쪽으로 몸을 돌린 것 뿐이었다.

그가 탁자에 유리컵을 놓는 것을 보고, 우리는 그곳에 앉아도 될 것 같다고 생각했다. 우리는 그가 가리키는 방석 위에 탁자를 에워싸듯이 앉았다.

"반갑습니다. 저는 여기 대표이사인 이슈인 히로노부(伊集院博允) 입니다."

남자가 머리를 숙이며 명함을 내밀었다.

우리는 예의상 명함을 받아들고 잠시 살펴 본 뒤 그것을 양복 안주머니에 넣었다. 그 명함에는 틀림없이 슈퍼 기가 테크놀로직 하이퍼 로지컬 사이언스 사 대표이사 겸 사장 이슈인 히로노부라고 쓰여 있었다.

"저~."

"네."

사장에게 나는 자연스럽게 말하지 않을 수 없었다.

"우리는 지금 뭔가 테스트를 받고 있는 건가요?"

"무슨 말씀이죠?"

전혀 눈치를 못 채고 있다는 듯이 사장이 말했다.

그러자 다시로가 화제를 돌려 말했다.

"사장님께 직접 안내를 받는다는 건 생각지도 못한 일이라서요."

"아, 예. 집사람이 오늘 법회가 있어서 친정에 가서……"

"사모님이요?"

사장이 무슨 말을 하는지 도대체 알 수 없었다. 그래서 다시 물었다.

"예, 집사람이 회사의 전반적인 인사를 담당하고 있습니다."

사장은 나직한 어조로 잘라 말했다.

"그러세요?"

"저, 사원은 몇 명이나 됩니까?"

"오천 명 정도 됩니다. 해외까지 포함하면 더 됩니다만."

"아, 그래요?"

그 후 우리는 회사 안내서에 쓰여 있는 것을 순서대로 확인해갔다. 어떻든 방 안에는 다른 물건이 아무것도 없었고,

뭔가 물어보고 싶어도 물 끓이는 포트 외에는 아무것도 없었다.

"그런데 귀사의 업무라고 하는 것은 구체적으로 어떤 것이죠?"

"예. 우리 회사는 매우 고도한 과학적 능력을 상품으로 하고 있습니다."

사장은 즉시 대답했다.

납득하면서도, 나는 조금 당혹스러웠다.

"그러니까 과학적 능력을 사용해서 무엇을 하는 건가요?"

"아니요. 매우 고도한 과학적 능력을 판매하고 있는 겁니다."

나는 이번에는 더 크게 당혹했다.

"저, 죄송합니다. 그걸 좀 더 자세하게 들려주실 수 있겠습니까?"

"그러죠. 구체적으로 말씀드리죠."

사장은 손으로 머리를 철썩 때리더니 눈을 감았다. 그리고 잠시 후 쉬운 예가 떠오른 듯 입을 열었다.

"전구 속에 있는 빙글빙글 도는 부분……"

"네."

"그 감는 횟수, 그걸 우리가 정했습니다."

"…… 그러세요?"

"그리고 최근에는 그러니까 일본인들이 지역에 따라서 맥도널드를 '맥'과 '마크도'로 나눠서 부르잖아요? 그 동서의 경계선이 어디인지 그걸 정확하게 산출해냈습니다. 나고야시(名古屋)의…… 어디였지? 아무튼 날짜 변경선과 자력선이 관계하고 있는……"

'그러세요' 라고 밖에 말할 수 없는 불가항력 앞에, 나는 왠지 걱정스러워졌다.

"저, 저는 오사카(大阪) 출신인데요. 이쪽으로 와서도 줄곧 '마크도'라고 하고 있었어요. 그런데 어느새 '맥'이라고 부르게 돼서, 지금은 집에 가서도 '맥'이라고 부르는데, 이런 경우는 어떻게 생각하시는지요?"

말을 하면서도 매우 죄송한 기분이 들었다.

　그러나 사장은 전혀 신경 쓰는 것 같지 않았다. 오히려 당연한 듯이 웃음을 지었다.

　"장마가 끝나고 다시 비가 내린다고 해서 장마 종료 선언을 번복하지는 않지요?"

　"합니다."

　내가 반론을 하자, 사장은 무척 당황스러워 했다.

　그러나 금방 생각이 난 듯이 고쳐 말했다.

　"아, 그건 국가기관이 기분으로 발표하는 비과학적인 영감에 의한 장마 종료 선언이겠지요. 내가 말하고 싶은 것은 매우 고도한 과학적 힘에 의해 입증되는 것입니다."

　'아, 그렇습니까?' 라고 나는 동의했다. 뭐라 표현할 수 없이 난처했지만.

　"그런 것을 슈퍼 기가 테크놀로직 하이퍼 로지컬 사이언스 사에서 밤낮으로 개발하고 있습니까?"

　"그렇습니다. 모두 그 분야의 전문가들이니까요. 매우 고도한 과학은 문명에 절대적으로 필요한 것이기 때문에 불황을 모릅니다."

사장은 정중하면서도 프라이드에 차 있었다. 거기다 어정쩡한 태도는 절대 보이지 않았으며, 말 그대로 아주 정중하고 똑똑해 보였으며 신념에 차 있었다. '뛰어난 인물이란 이런 것인가 보다.' 라는 생각이 일순간 들었다. 비좁은 아파트에서 방석에 책상다리를 하고 앉아 있어도 품위가 느껴질 정도였다.

나는 석연치 않은 기분은 그만 접어두기로 했다.

다시로가 다시 얘기를 시작했다.

"그렇다면 입사를 할 수 있는 건 어느 정도 자격을 갖춘 사람이어야겠군요?"

"아니요. 두 분은 금방이라도 채용 자격이 됩니다."

사장은 분명히 그렇게 말했다.

깜짝 놀라 '네?' 라고 묻는 우리에게, 사장은 '설마 모르고 오셨습니까?' 라고 한 자락 깐 뒤 다시 이야기를 시작했다.

"면접과 시험이라고 하는 불확실하고 비과학적인 짓은 하지 않습니다. 우리 회사는 매우 고도의 과학적인 힘을 판매할 수준을 갖추고 있으니까요."

“그 말씀은?”

“필요한 소변검사는 이미 마쳤습니다.”

“소변이요?”

“네. 아내가 일본 전국의 대학을 돌면서…… 아, 아니, 법률상의 문제는 없습니다. 어쩌면 두 분도 아내를 본 적이 있을 지 모르겠습니다. 앞으로 칫솔을 들고 화장실에서 몸을 숨기고 있는 제 아내를 보면 말이라도 걸어주십시오.”

“소변검사로 과학적인 힘을 조사할 수 있는 겁니까?”

“아주 고도의 과학적인 힘이라면 가능합니다.”

“…… 그러세요?”

나는 점점 할 말을 잃어갈 뿐만 아니라, 생각할 수 있는 여지조차 사라져가는 듯한 기분을 맛보고 있었다.

그래서 다시로의 말을 옆에서 듣고 있을 뿐이었다.

“입사조건 같은 걸 여쭤봐도 괜찮겠습니까?”

“아, 물론입니다.”

다시로가 다시 말을 이었다.

“급여는 얼마나 됩니까?”

"보통 신규채용의 경우 실 수령액이 월 80만 엔 정도 됩니다. 여기에 원천징수와 복리후생 등이 붙게 되며, 사이판이나 괌 등 세계 31 개국에 있는 휴양소를 무료로 이용할수 있습니다.

"…… 그래요?"

사장이 설명하고, 내가 동의하고, 다시로가 질문을 하는대화구도가 형성되고 있었다.

다시로가 다시 입을 열었다.

"그렇지만 그 정도로 높은 급여라면 아주 힘든 일이겠군요."

"그렇지 않습니다. 나오고 싶을 때 회사에 출근만 하면됩니다. 그러니까 지금 아무도 없는 것이겠죠?"

사장이 손으로 실내를 가리켰다.

우리는 다시 '그러세요?' 라고 말할 수밖에 없었다.

다시로와 나는 슈퍼 기가 테크놀로직 하이퍼 로지컬 사이언스 사를 나와 다시 버스를 타고 역으로 향했다. 그리고 전철을 갈아 타고 기숙사로 돌아왔다.

방에 드러누워 겨우 입을 열었다.

"왜 거절한 거지?"

다시로에게 물었다.

그러나 굳이 다시로에게 묻는 것이 우문이란 것을 알고 있었다. 다시로도 그렇지만, 나도 입사하고 싶지 않았기 때문이다.

그리고 어떤 이유였는지에 대한 대답도 서로 어렴풋이 알고 있었다.

"하지만 어디다 내세우지는 못하겠지?"

"소변으로는……"

내가 그렇게 말하자, 다시로는 회사 안내서를 쓰레기통에 던져 버렸다.

벤처의 본질

'누구나 그렇듯이, 우리는 취업을 해야 한다.'

오늘 먼저 말을 먼저 꺼낸 것은 다시로였다.

"벤처야."

갑작스런 얘기에 내가 다시 묻자, 다시로가 입을 열었다.

"이제부턴 벤처야."

나는 말없이 일어나 사전을 찾았다.

●Venture(명): 1. 위험한 모험. 위험한 시도. 투기적인 사업. 2. 투자금과 같은, 투자기관이 관여한 것.

아무래도 틀린 것 같지는 않다. 나는 사전을 닫고 다시로에게 말했다.

"'이제부터' 라고 했어?"

'응'이라고 하는 다시로에게서는 아무런 망설임도 찾아볼
수 없었다.

그러나 의심이 가득찬 내가 다시 물었다.

"벌써 오래 전에 한물 간 느낌이 있는데?"

"왜 그렇게 생각하지?"

말을 듣고도 계속 동조하지 않는다는 것은 뭔가 의혹이
있기 때문일 것이다.

나는 생각한대로 그대로 말했다.

"이미 오래 전부터 들어본지 꽤 됐잖아."

"그것은 비로소 거품이 사라졌다는 증거야. 매스컴이란
그런 법이잖아. 본질까지는 파헤치지 못하거든. 붕 떠있던
유행이 일단락됐기 때문이야. 하지만 그 때서야 비로소 본
질이 살아나는 거야."

"어차피 벼락부자는 권력을 이길 수 없는 거라고. 모두들
너무나 잘 알고 있을 거라고 생각하는데."

“정보조작이지. 거품이라고 했지? 본질은 여전히 살아 있는 거 거든.”

“자신 만만하네. 너 혹시 세미나에 갔었니?”

“응. 갔었어.”

다시로는 주저 없이 대답했다. 나는 신음했다.

“테라피도 소용없었니? 나중에는 전기쇼크 밖에 없다고 하던데.”

“아니 잠깐. 전기는 잠깐. 계기는 세미나였지만 교주님과는 다른 거야. 참가자 중 한 사람이 명함을 줬거든.”

“그건 또 다른 거야?”

나는 크게 의심했지만 다시로는 별로 개의치 않는 눈치였다.

“우리처럼 젊은 사람을 필요로 하는 벤처기업인 것 같아. 흥미 있으면 이야기를 들으러 오라고 했어.”

“그걸 한 치의 망설임도 없이 내게 권하는 너도 대단하다.”

“그만큼 확신이 있으니까 그렇지.”

"으음. 그 정도라면 나도 물러설 순 없지."

물러설 수 없는 이상 앞으로 나갈 수밖에 없다. 후쿠자와 유키치(福沢諭吉. 역자주: 일본의 계몽사상가이자 게이오(慶應)대학 설립자. 〈정한론〉을 주장한 것으로도 유명하다.)도 그렇게 말했다. "만사가 우주에서 머무는 게 허용되지 않는다. 다만, '짐을 내렸다고 해서 운전자가 금방 운전을 할 수 있기는커녕, 부상자의 구호를 위해 어쩔 수 없을 때'는 예외라고 한다."

다시로가 이야기를 계속했다.

"잘 생각해보면 알 수 있는 일이야. 매스컴에서는 불가능한 일이지만 인간이라면 본질을 이해할 수 있을 거야."

"그래?"

나는 고개를 갸웃거렸다.

"벤처의 본질이란 뭐냐? 주식이라든가, IT라든가, M&A라든가, 합병이라든가 하는 그럴 듯한 단어는 많이 귀에 남아 있지만……"

"귀에 남아 있는 건 어차피 귀지에 불과해. 합병 이외에는 아무래도 상관없어. 그러니까 그 단어들이 가리키는 심오한 공통항목이 본질이거든."

"이미 대답을 준비해둔 것 같네."

"그렇지 않으면 나도 네게 권하지 않아. 벤처의 본질이란 숨은 재능이야."

다시로는 천천히 효과를 살펴보면서 설명을 덧붙였다.

"사회에는 이미 시스템과 룰이 있어. 그리고 시스템과 룰에는 반드시 허점이 존재하기 마련이지."

"반드시?"

"응. 반드시. 물론 시스템에 따라서 나약함의 정도나 심각도의 차이는 있지. 그러나 허점이 전혀 없는 시스템은 본질적으로 존재할 수 없어."

"또 본질이냐?"

"응. 나약함이 없는 시스템은 문도 창문도 없는 집과 같거든. 그런 집은 방범에서는 완벽하지. 하지만 아무런 의미가 없어. 반드시 이렇게 되는 거야. 숙명이거든."

"으음. 상당히 설득력이 있는데."

다시로의 말에 나는 감탄했다.

그러자 다시로는 만족스러운 듯이 웃음을 지었다.

"그런 이유로, 사회에는 반드시 허점이 있는 거야. 그것을 발견하는 것이 본질이고, 주식 운운하는 건 수단에 불과해. 노골적으로 수비가 불안해서 현금으로 직결하기 때문에 당연히 이용당하고 있는 거지."

"그럼, 별도로 주식이 필요하지 않다는 거야?"

"바로 그거야. 아니, 그 보다도 그런 걸 우리는 평소에 보고 있잖아. 아주 오래 전부터. 사금융이란 것 또한 단적인 예겠지."

"인터넷 쇼핑몰도 그렇지."

"이제 이해가 되나 보구나."

"호시노 아키(ほしのあき. 역자주: 포르노 배우로 출발해 다양한 영화와 드라마, 광고, 오락프로 등에 출연)도 마찬가지야"

"그렇군!"

한바탕 설명을 한 후 다시로는 엄숙한 어조로 계속 얘기

했다.

"그리고 이번에 소개 받은 회사는 드디어 궁극적인 본질에 다다랐다고 할 수 있어."

"궁극적인?"

나는 약간 흥분되었다. 몸을 완전히 앞으로 내밀고 콧소리도 거칠어졌다.

똑같은 모습으로 다시로는 고개를 끄덕였다.

"더 이상의 벤처는 없다고 하는 거야."

그 회사는 한적한 교외에 있었다. 상세한 장소는 말할 수 없다. 그 건에 대해서는 충분히 협박을 받았기 때문이다.

회사라고는 했지만 소위 조립식 가건물이었다. 회사는 방치된 느낌이 가득한 빈 공터 한 쪽에 우뚝 서 있다. 건물 앞으로는 헬멧과 선글라스, 그리고 마스크로 얼굴을 가린 남자가 한 사람 서 있었다.

"안냅가?"

내 말에 다시로는 그럴 거라고 고개를 끄덕였다.

물론 내가 원한 것은 그런 대답이 아니었다. 그러나 원하는 것이 항상 얻어 지리란 것은 인간의 유치한 환상일 뿐이다. 비록 인정하는 것은 어렵지만.

남자는 안내가 아니었다. 우리가 가까이 다가가도 인사 한 마디 없었다. 그러나 안내 같은 일도 분명히 했다. 그는 마스크 속에서 불쑥 이렇게 중얼거렸다.

"차는넘?"

어떻게 대답해야 좋을지 생각하고 있는 동안 다시로가 이렇게 대답했다.

"안씸해토퇴엠."

그러자 마스크를 쓴 남자는

비로소 고개를 끄덕이며 몸을 옆으로 비켜주었다.

가건물의 문을 여는 다시로에게 나는 속삭였다.

"혹시 지금 그 말은 암호니?"

"으응? 그런가?"

다시로는 의외의 표정을 지었다.

"그렇게 하라고 하니…… 그런가? 암호라고 하니 암호가

맞네.”

‘하라고 하니’가 절대 아니라고 단언할 짬도 없이, 우리는 건물 안에 들어가 있었다.

안은 밖에서 본 그대로 좁디 좁았다. 책상이 하나 있고, 거기에 한 남자가 앉아 있었다. 밖에 있던 남자와 똑같이 헬멧에 마스크와 선글라스를 쓰고 있었다. 둘이 나란히 서 있다면 구분이 되지 않을 정도로 똑같은 모습이었다.

인사를 하고 나서 우리가 이름을 대자, 그 남자는 일어나서 이렇게 말했다.

“잘 왔네. 우리들의 희망의 별 ‘붉게 타오르는 횃불과 희망에 한 줄기 유성이 되어’에.”

“네?”

나는 순전한 의문을 가득 담아 중얼거렸다.

“고맙다는 말은 하지 않는다. 혁명은 인민의 의무이기 때문이다. 따라서 축하한다고 하는 거다. 우리들의 혁명에 가담하게 된 것을 축하한다.”

“에, 그러니까.”

나는 가장 적절하다고 생각되는 질문을 했다.

“무슨 말씀이신지요?”

“우선은 거기 앉는다.”

마스크를 쓴 남자가 가리키는 의자에 다시로와 나는 앉았다. 어디에나 있는 접이식 의자엿다. 어디에나 있지만 팔고 있는 걸 본 적이 없다. 도대체 어디서 조달하는 것일까?

그런 의문은 그렇다 치고, 마스크를 쓴 남자가 입을 열었다. 물론 마스크를 하고 있기 때문에 입은 보이지 않았지만 그는 다음과 같이 말했다.

“이름은 밝힐 수 없다. 혁명을 위해 이름을 버렸기 때문이다.”

“어떻게 버리죠?”

나도 모르게 질문을 하고 말았지만 아무래도 상관없었다. 아니나 다를까. 마스크를 쓴 남자는 질문을 무시했다.

“우린 인민의 혁명군 ‘붉게 타오르는 횃불과 희망에 한 줄기 유성이 되어’이다. 혁명의 깃발 아래 우리들의 활동은 차이가 없고, 지위도 개인도 종별도 없다. 이것은 혁명 후의 세계에서는 상식이 될 것이다.”

“저 아까부터 혁명이라고 말씀하셨나요?”

“으음.”

“우리는 취업활동을 하고 있거든요.”

“그렇지. 우리도 동지를 수시 모집 중이다. 혁명은 일손이 필요한 사업이니까.”

내가 느끼는 의문이 아무래도 마스크를 쓴 남자에게는 전달되지 않는 모양이다.

나는 다시로를 쳐다봤다. 다시로는 다시로대로 ‘넌 지금 무슨 말을 하고 있니?’ 라고 말하고 있는 듯한 눈초리로 나를 쳐다보고 있다.

어떻게 된 걸까? 어쩌면 내가 틀렸는지도 모른다.

우선, 나는 이렇게 말해보았다.

“여기는 벤처기업의 취업 설명이라고 해서 오게 되었거든요.”

“그렇군.”

마스크를 쓴 남자는 미동도 하지 않았다. 물론 얼굴을 가리고 있기 때문에 보이지도 않았지만, 어쨌든 그는 이렇게 말했다.

"우리들의 목적은 모든 기득권익의 해소에 있다."

"수단은 무엇이죠?"

"그런 건 묻지 않는다."

"벤처입니까?"

"그렇게 부르고 싶다면 부정할 이유는 없다."

마스크를 쓴 이름 없는 남자가 단정적인 어조로 말을 한다는 것은 이미 그 자체가 아주 곤란한 기분이 들었다. 그래서 내가 뭔가를 해낸 것도 아니면서, 뭔가 해낸 듯한 기분이 들었다.

"기득권익이란 건?"

내가 다시 묻자 마스크를 쓴 남자는 이렇게 말했다.

"이 세상의 거의 모든 기득권익이다."

"무슨 뜻인가요?"

"예를 들면, 환경보호는 그 한 예라고 할 수 있을 것이다."

"그렇습니까?"

"환경보호에 관해서는 프로파간다가 행해지고 있고, 인류가 관여하지 않으면 자연환경은 변화하지 않는다고 하는 착각이 횡행하고 있다."

"네에."

건성으로 대답하는 내게, 마스크를 쓴 남자는 주먹을 휘두르며 열변을 토했다.

"즉, 자연환경은 변화하는 것이다. 유사 이래 멸종하지 않은 종족은 하나도 없고, 미래에도 그런 현상은 존재하지 않을 것이라고 단언할 수 있다. 환경보호라고 하는 것은 오히려 거기에 이미 성립되어 있는 산업이나 권익을 보호하기 위해 부자연스럽게 환경을 유지하려고 하는 무리하고 무모한 시도임이 분명하다."

과연, 논리적으로는 맞는 말이다.

그래도 도저히 이해가 되지 않는 것이 있었다. 그래서 물었다.

"그러니까 귀사의 목적은 그런 것을 타파하는 겁니까?"

“그런 셈이지.”

“잘 모르겠지만 그게 뭔가 이점이 있는 건가요?”

그런 질문을 할 거라는 것은 이미 알고 있는지도 모른다. 마스크를 쓴 남자는 어이없다는 듯이 한숨을 쉬었다.

“잘 들어. 혁명은 부르주아가 부당하게 점령한 부를 이동시켜서 공평하게 분배하는 활동이다. 그것이 이익이 아니라고 생각한다면 너야말로 나쁜 부르주아다.”

나는 그 말의 의미를 잠시 생각해보았다.

“만약 제가 부르주아라고 한다면 어떻게 되는 겁니까?”

“혁명은 단두대를 심벌로 삼고 있다.”

“저는 부르주아가 아닙니다.”

나는 진심을 다해 단언했다.

다시로도 같은 질문을 하고 나서 다른 질문을 했다.

“그래서 목적은 이해할 수 있는데 구체적인 수단이란 것이 있나요? 그러니까…… 뭐랄까?”

“쿠데타 말인가?”

“네. 바로 그겁니다.”

나는 이의를 제기하고 싶었지만, 반항을 한다고 해도 의미가 없다는 것을 깨닫고 영합했다. 이런……. 과연, 나는 혁명에 어울리지 않는 것인가? 아니면 정말로 어울리는 것인가? 그것이 조금 걱정되었다.

다시 마스크를 쓴 남자가 말하기 시작했다.

"무력에 의한 국가 전복은 현실적이지 않다고 생각한다고? 그건 왜지?"

왜냐고? 그렇다면 이쪽에 질문을 한 것인가? 마스크를 쓴 남자가 선글라스를 쓰고 있엇기 때문에 대답을 기대하고 있는 것인지 아닌지 알 수 없었다. 정답과 오답. 어느 쪽을 기대하고 있는 건지도 모르겠다.

매우 대답하기 어려운 분위기 속에서 다시로가 무난하게 대답을 했다.

"무력을 갖고 있지 않습니다."

"그렇지. 군사력 이 또한 기득권익이다."

마스크를 쓴 남자는 더욱더 신이 나서 말을 이어갔다.

"이 혹성의 군사력은 중공업을 육성하는 대량 소비사회

와 함께 싫든 좋든 괴물화되었다고 하는 것이 일반적인 견해일 것이다. 그러나 과연 그럴까?"

"아닌가요?"

"거기에 음모가 있었다고 우리는 생각하고 있다. 군사기술은 오히려 부르주아밖에 사용할 수 없도록 억지로 오늘날과 같은 모습으로 형성된 것이 아닌가?"

"억지로 말입니까?"

"그렇다. 대량 소비사회를 지배하는 자가 부르주아다. 민주주의라고 하는 미명 하에 의무감과 윤리만을 쇠퇴시키는 그것이 대량 소비사회의 구조다. 인구가 많으면 많을수록 좋고, 그 인구가 소비하면 할수록 좋은 것이다. 민주주의는 그 구조와 군사력을 유지하기 위해 존재하는데 지나지 않는다는 것은 잘 알려져 있지 않은 사실이다."

"네에……."

이런 나의 대답이 마음에 들지 않았는지 마스크를 쓴 남자는 잠시 말을 멈췄다.

"생각해 보게나. 그냥 결론을 지어 버리고 싶으면 팬티만

입힌 채로 죽여버리면 그만인 거야. 딱히 텅스텐을 박아 넣어야만 해체될 정도로 인체는 단단하지 않거든. 전쟁에도 룰이 있다고 말하면서 일억 달러짜리 전투기를 공중에서 폭파해 버리는 건 너무 한심한 짓이니까 말이야. 그러면서 좀 더 경제적인 방법을 제안을 하지 않는다? 이상하지 않나?"

"글쎄요. 그건 현명하다고 말하기는 어려운 점이 있는데요."

내가 그렇게 말하자 마스크를 쓴 남자는 이야기를 계속했다.

"하지만 거기에 놈들의 약점이 있다."

바로 그 '허점'이다.

이제야 본론으로 들어간 것 같다.

"즉, 놈들의 지배는 대량 소비에 의해 유지되고 있고, 대량 소비에 의해서만 유지되는 거라고."

"어떻게 하면 될까요?"

"소비를 하지 않으면 놈들은 망한다."

나는 그 말을 듣고 잠시 생각에 잠겼다.

그러자 다시로가 옆에서 물었다.

"절약……인가요?"

"아니다. 그러면 의미가 없다. 우리가 하루에 빵 하나로 연명한다고 해서 놈들이 우리를 봐줄 줄 아는가? 놈들은 빵의 가격을 한 개에 2천 엔으로 할 뿐이다. 적의 룰을 이용해서는 적을 이길 수 없다."

상당히 과격한 말이었다.

부끄러워하는 다시로를 대신해서 다시 내가 물었다.

"그럼 어떻게 하죠?"

"일절 소비를 하지 않는 거다."

"그건 어떻게 하면 되죠?"

"어떻게 하는가의 문제가 아니야. 아무것도 하면 안 돼."

마스크를 쓴 남자는 진지한 얼굴로 (보이지 않지만) 말했다.

"일절 하지 않는 거다. 이 운동을 통해 우리는 사회 전체를 동지로 끌어들인다. 권유활동은 기하학적으로 증대할 것이기 때문에 첫 걸음은 마지막의 몇 억 걸음에도 필적한다. 매우 현실적인 플랜이라고 할 수 있다."

나는 잠시 관자놀이에 손을 대고 그 말을 음미했다.

"그러면 당신들은 아무것도 하지 않는 사람들을 늘리기 위해 밤낮으로 활동을 하고 있는 겁니까?"

"우리의 활동은 이미 상당한 범위에서 성공을 거두고 있다."

마스크를 쓴 남자는 빙긋이 웃으며 (보이지 않지만) 그렇게 말했다.

대화는 그 후에도 잠시 이어졌다. 족히 한 시간은 지나고 나서야 우리는 귀갓길에 오를 수 있었다.

가건물에서 나와 잠시 걷다가, 나는 다시로에게 말을 걸었다.

"어떻게 생각하니?"

"정말로 본질적이었어. 정말로 본질적이야. 진짜 벤처의 본질인 거야."

"그건 그래."

우리는 서로의 말에 동의했다. 거짓 없이 느껴졌고 충분히 납득이 갔다.

게다가 다시로는 이렇게 말했다.

"너무 본질적이면 아주 무의미해지지. 본질 그대로 본질적이었어."

"역시 그런가?"

그 후 우리는 아무것도 하지 않고 방으로 돌아와, 아무것도 하지 않은 채 잠자리에 들었다.

주식회사 와타나베 말살

'누구나 그렇듯이, 우리는 취업을 해야 한다.'

취업이란 도대체 무언가?를 이해하고 알아내기 위한 우리의 방문활동은 계속 되고 있었다.

"저~."

주식회사 와타나베 말살 대표이사 간자키 신타로(神崎新太) 씨는 우리를 앞에 두고 이렇게 말했다.

"주식회사 와타나베 말살에 잘 오셨습니다."

"친절하게 맞아주셔서 감사합니다."

다시로와 나는 동시에 머리를 숙였다.

그곳은 주식회사 와타나베 말살이 평소 회의실로 사용하던 방이었다. 책상들이 줄맞춰 놓여 있었고, 견학하러온 우리와 사장이 마주보고 앉아 있었다. 마치 면접을 보는 것 같았다.

그다지 큰 회사는 아니었지만 빌딩 한 쪽을 사무실로 하여, 이렇게 회의실까지 갖추고 있는 것을 보면 그럭저럭 괜찮은 회사임에는 틀림없었다. 사장은 아직 젊었다. 그는 유능해 보이는 외모의 용모 단정한 남자였다.

우리가 뭔가 말을 꺼내기 전에 사장은 이렇게 말했다.

"우선, 질문하고 싶은 것이 뭔지 알고 싶습니다."

"그렇게 말씀해주셔서 정말 감사합니다."

사실 어떻게 말을 꺼내면 좋을지 고민하고 있었기 때문에 우리는 내심 정말로 감사했다.

사장은 계속 말을 이었다.

"우리 회사의 이름에 대해서 말씀드리자면 여기에는 사연이 좀 있습니다."

"당연히 그럴 거라고 생각했습니다."

다시로가 말했다. 실수를 한 듯한 느낌이었지만 그 기분도 이해가 됐다. 다시로의 말에 나 역시 옆에서 고개를 끄덕였기 때문이다. 궁금했던 것이다.

사장은 비교적 익숙한 모습으로 설명을 하기 시작했다.

"제가 이전에 근무하고 있던 회사를 그만뒀을 때였습니다. 더 자세하게는 말씀드릴 수 없습니다만, 뭐랄까…… 당시 저는 무척 화가 나 있었습니다."

"화난 정도가 무척 심하셨단 말씀입니까?"

"네. 아주 정도가 심한 것이었습니다."

"미루어 상상이 될 것도 같습니다만 그 상상이 착각일 수도 있겠죠?"

내가 그렇게 묻자, 사장은 단호하게 다음과 같이 말했다.

"아니요. 아마도 그 상상대로 일겁니다. 당시 저는 와타나베를 말살하는 것 이외에 다른 것을 전혀 생각할 수 없는 정신상태였습니다."

"역시."

"그 당시는 꿈인지 생시인지도 분간이 안 될 정도로 생각이 나지 않는 일도 많습니다만 아마도 약과 카운슬링 탓도 있었을 거라고 생각합니다."

"충분히 납득할 수 있습니다."

"그렇기 때문에 회사의 등기부를 작성할 때 업무내용에 '와타나베 말살'을 표방하지 않을 수 없었습니다."

"……"

역시 잠시 동안 시간을 둘 필요가 있었다. 하지만 어쩔 수 없이 우리는 고개를 끄덕였다.

"그렇습니까?"

"정확하게는 '와타나베 말살 및 사후처리, 축하연 기획, 그 전반에 걸친 프로모션'입니다."

"회사의 등기 내용은 현재는 예정에 없는 것까지도 여러 개 써 두는 거라고 들은 적이 있습니다만……."

"아니요. 이 점 하나뿐입니다."

"역시 그렇군요. 뭐 하는 수 없는 거죠."

'하는 수 없는 거'란 어느 것 하나 다 하는 수 없는 것이란 얘기다. 그렇기 때문에 하는 수 없다고 하는 말이 흔히 사용되는 것이다.

"어떻게 구청에서는 그 등기를 접수해줬습니까?"

"도무지 알 수 없습니다. 역시 어딘가의 와타나베를 생각하는 점이라도 있었던 것이겠죠."

사장은 침통한 얼굴로 고개를 가로저었다.

"뭐 어떻든 문제가 생겼습니다."

"그랬겠죠."

"그 업무내용으로 어떻게 이익을 내면 좋을지 도무지 알 수가 없는 겁니다."

"그야 당연하죠."

그 이상 할 수 없을 정도의 동의를 표하며, 우리는 고개를 끄덕였다.

"이윽고 자본금은 바닥을 치고 이익을 낼만한 전망도 없었기 때문에 융자도 얻을 수 없는 상황이 되었습니다. 사원들은 모두 의욕을 잃었고, 사내 분위기도 어둡기 짝이 없습니다. 아무리 의논을 거듭해도 앞은 보이지 않고 절망의 늪에서 허우적되고 있습니다."

사장의 어깨는 달랠 길 없는 통곡의 감정으로 복받쳐 떨고 있었다.

'탁' 하고 테이블을 치는 소리조차도 힘없이 들렸다.

"그래서 모처럼 견학을 오셨어도 신입사원을 고용할 여유가 전혀 없습니다. 정말로 죄송합니다. 전화를 받았을 때 거절을 했어야 하는데."

"네에."

건성으로 대답하는 우리에게 사장은 핏기 어린 눈으로 정말 죄송한 것처럼 말했다.

"하지만, 이렇게 만나게 된 것도 뭔가 인연일 거라고 생각합니다. 그래서 부탁을 드릴 수는 없겠는지요?"

"부탁이라뇨?"

말할 것도 없지만 현재 우리에게는 돈이 없다. 돈이 있다고 해도 타인에게 빌려준다고 하는 것은 곤란한 일이요, 사치에 가까웠다. 그러나 다행스럽게도 애초부터 없기 때문에 우리는 그렇게 할 수도 없었다.

불안하면서도 확고한 안심감에 둘러싸여 있는 우리를 향

해 사장은 테이블에 손을 대고 고개를 숙였다.

"모든 경영 컨설턴트에게 자문도 구하고 의논도 했지만 기사회생할 수 있는 아이디어는커녕 실마리도 찾을 수 없었습니다. 그래서 생각했습니다. 당사자로서 우리의 시야가 너무 좁은 건 아닌가 하고 말입니다."

"안심하십시오. 이건 시야가 좁은 것도 아니고, 말 그대로 무리난제입니다."

그러나 사장의 귀에는 들리지 않은 모양이다.

"그렇기 때문에 다른 여러 분들, 즉 조금이라도 우리에게 관심을 가진 분들에게 지혜를 빌리는 것이 이 상황을 타개할 수 있는 좋은 방법일지 모른다는 생각이 들었습니다. 특히 비즈니스에 대한 기성관념이 없는 학생들이 훨씬 좋을 거라는 생각이 들어서……"

사장은 이마를 테이블에 댄 채 힘을 실은 목소리로 말했다.

그 모습에 나는 감동했다. 어떤 점에서는 한심하기 그지없는 모습으로 비출 수도 있지만, 사장의 가식없는 모습은 분명 내게 감동을 주었다.

현재 주식회사 와타나베 말살은 대안도 없고 어떻게 해야 할 방법도 없는 지도 모른다. 아니, 어쩌면 미쳤는지도 모른다. 그러나 오로지 한 우물을 파며, 그 때문에 영광도 체면도 내버린다고 하는 것은 정말로 어려운 일임에 틀림없다. 사장은 아직 아무 일도 이루지 못한 건지도 모른다. 그럼에도 불구하고 어려움에 도전하는 기개를 가지고 있다. 멋진 일이다.

"그리고 실제로 얼굴을 뵙고 확신을 가졌습니다. 당신들 두 분 정도라면 우리가 해낼 수 없었던 일을 할 수 있을 거라고."

"그렇게까지 기대를 하시면 도움이 되어 드릴 수 없다고는 말할 수가 없군요."

내가 말하자, 다시로 역시 같은 기분이 들었는지 비슷한 말을 했다.

"미력하나마 함께 생각해보죠."

"고맙습니다."

사장이 자세를 고쳐 앉았다. 그 얼굴은 생각했던대로 정말 단정한 남자의 모습이었다.

나는 '휴우' 하고 숨을 내쉬었다.

"난제임에는 틀림이 없습니다. 몇 가지 질문을 해도 괜찮겠습니까? 아마도 이전에 의논하신 것을 확인하는 정도에 불과할지 모르겠습니다만."

"네. 뭐든 물어 보십시오."

"말살이란 구체적으로 어떤 것을 말하는 것인지요?"

"거기서부터 잘 모르겠습니다."

사장은 생각에 잠기듯이 조용히 눈을 감았다.

"아무리 확대해석을 해도, 경찰이 개입하면 사태는 피할 수 없을 거란 것이 우리들의 결론입니다. 그것은 우리 회사가 당면하고 있는 최대의 벽입니다."

"은폐 공작은 어떻습니까?"

"아마도 이미 등기를 했기 때문에 그건 무리겠죠? 게다가 아무리 곤궁에 빠져도 범죄는 저지르고 싶지 않습니다. 사회의 미래를 전망하면 그것도 저와 회사를 위한 것입니다."

"훌륭하신 생각입니다."

한 가지 일을 보면 다른 일도 알 수 있다고나 할까? 사장이 그렇게 말하는 것을 충분히 이해할 수 있었다. 그때 다시로가 손을 들며 끼어들었다.

"등기의 내용이란 게 나중에 바꿀 수 없는 겁니까?"

"물론 바꿀 수 있습니다. 다만, 비용이 들기 때문에……우리 회사는 그럴 여유조차 없습니다."

"와타나베란 이름뿐이지, 구체적으로 누구라고 하는 지정은 없는 거지요?"

내가 물었다. 사장은 고개를 끄덕였다.

"네. 특별히 없습니다."

"이익이란 숫자입니다. 따라서 범위를 넓히는 것은 대전제입니다."

"말씀하신대로입니다."

"그러니까 모든 와타나베 씨를 무차별적으로 말살하는 것으로 어떤 비즈니스 모델을 구축할 수 있는가 하는 겁니다."

"네. 하지만 문제는 말살할 수 없다고 하는 겁니다."

여기까지는 너무나 뻔한 내용이다. 사장의 말에 나는 내 생각을 말했다.

"하지만 말살하겠다고 하는 건 말할 수 있는 겁니다."

"협박이 되지 않을까요?"

"개인에 대해 말하면 협박이지만 무차별적이면 사상입니다. 사상을 단속하는 것은 헌법으로 금지하고 있습니다. 물론 헌법의 신뢰도에는 한계가 있지만 방심만 하지 않으면 괜찮겠지요."

"역시, 말씀하신대로입니다."

"거기서 노스트라다무스 상법이란 것은 어떻습니까?"

"노스트라다무스요?"

"네. 본인에게는 아무런 과실이 없는데 모두에게서 일제히 잊혀진 불운한 유명인 중 넘버원입니다."

"그런 지위를……"

"삼 년 뒤, 십 년 뒤라도 괜찮습니다. 우선, 와타나베를 말살할 예정이란 것을 표방하는 겁니다."

“호오.”

“그렇게 해서 스폰서를 모집합니다. 아마도 여러 가지 이유로 와타나베를 말살하고 싶어 하는 사람들이 모일 겁니다.”

나의 제안에 사장은 난처한 얼굴을 했다.

“그런 사람이 그렇게 많을까요?”

“의외로 많이 있지 않을까 하는 생각이 듭니다만.”

그러나 사장의 난처해 하는 표정은 쉽게 가시지 않았다.

“그건 그렇고. 예정일이 되면 어떻게 합니까?”

“여러 가지 사정으로 예정을 연기하는 겁니다.”

“그건 사기가 아닌지요?”

“물론 사기라고 생각합니다만, 실제로 대기업을 포함한 많은 기업에서 이런 일들이 공공연히 행해지고 있습니다. 소송도 당하지 않고 소송문제도 그리 큰 문제가 되지 않습니다.”

“왜죠?”

“소송 자체가 노스트라다무스 상법이기 때문입니다.”

"역시 그렇군요."

사장은 머릿속으로 검토를 시작한 것 같았다. 잠시 후 사장이 다시 말을 이었다.

"이윤이 창출되면 주주는 걱정하지 않습니다. 죄악감은 사회봉사로 해소됩니다. 돈만 있으면."

"이치에 맞는 말입니다."

다소 어쩔 도리가 없음을 내포하면서도 사장은 동의했다.

"그러나 아직 의문으로 남기는 하지만 와타나베의 말살에는 지구의 멸망만큼 매력이 있는 거겠죠?"

역시 사장은 사장이다. 가장 중요한 부분에 신경이 쓰이는 모양이다.

사실 거기서부터 시작하지 않으면 어쩔 도리가 없다. 와타나베 말살 계획보다도 말살하는 이유를 언급하는 것이 중요하다.

그것에 대해서 나는 이렇게 말했다.

"와타나베 음모설이 필요한 거겠죠?"

"음모설!"

“세상에 나쁜 것은 모두 와타나베가 원인인 겁니다.”

“구체적으로는 어떤 거죠?”

“근거도 없는 이야기니까 적당히 지어내도 상관없습니다. 예를 들면, 이렇습니다. 지진 예측을 확실히 할 수 없는 것은 와타나베의 음모인 겁니다.”

“와타나베 이놈!”

다시로가 주먹을 쥐고 분노의 목소리를 냈다.

나는 계속해서 예를 들었다.

“세계적인 밀 가격 인상도 와타나베의 음모인 겁니다.”

“와타나베 이놈!”

“모처럼 장만한 디엠비가 터지지 않는 것도 와타나베의 수작인 겁니다.”

“와타나베 이놈!”

“물론 자본주의의 한계 또한 바로 와타나베가 획책한 것입니다.”

“와타나베 이놈!”

마지막에는 사장도 함께 외치고 있었다.

나는 계속해서 고개를 끄덕여 맞장구를 치며 이렇게 말했다.

"이런 음모설을 유포하면서 와타나베의 말살을 표방하면 이익이 창출될 겁니다."

"과연 회사가 존속할 수 있을까요?"

"안전하고 확실한 장사입니다."

나는 보증했다.

무책임하게 말하고 있는 것이 아니었다. 거의 자본도 들지 않고, 전문지식도 필요 없으며, 법에도 저촉되지 않는 완벽한 사업이 아닌가?

사장도 만족한 듯이 만면에 웃음을 띠었다. 아아, 사람이 행복해지는 것은 이렇게 멋진 일이다.

"고맙습니다. 이제 광명이 보이기 시작했습니다!"

사장은 자리에서 일어나 일부러 다가와 내 손을 잡고 악수를 했다.

"이 은혜는 결코 잊지 않겠습니다. 임직원 모두가 하나가 되어 말씀하신대로 분발하겠습니다. 사업이 궤도에 오르면

기필코, 기필코 감사의 표시를 하겠습니다!"

"아니, 저야말로 고맙습니다."

서로 예를 표하며 확실한 충실감과 함께 우리들의 회의는 막을 내렸다.

한 달 후 우리는 다시 같은 회의실에 모였다.

"다음 주에 우리 회사가 도산하게 되었습니다."

사장에게 그 말을 들으며 나는 '으음' 하는 신음을 토하며 팔짱을 꼈다.

나는 단도직입적으로 물었다.

"계획대로 실행은 한 겁니까?"

"네. 그럭저럭 순조롭게 진행됐습니다. 먼저 인터넷에 와타나베 음모설을 유포했습니다."

"저도 봤습니다."

나와 다시로는 수긍했다.

"그 집요함은 처절했죠. 모든 정보 게시판에 와타나베의 악행이 게재되었습니다."

“‘와타나베’는 고사하고, ‘악’이란 단어만으로 검색해도 화면이 와타나베 일색이었으니까요.”

사장은 실로 흙빛 얼굴이었지만 슬픔 가운데서도 다소의 만족감을 나타냈다.

“네. 밤잠도 자지 않고 일을 했습니다. 도쿄에 있는 모든 전신주에 광고 전단지를 붙였습니다. 전화도 마구 걸어서……”

“저희 집 우편함에도 전단지가 들어 있었습니다.”

“제 아내가 손수 제작한 겁니다.”

“훌륭한 솜씨를 가진 부인이십니다. 아무도 필적하지 못할 겁니다.”

마음 깊이 감탄했지만, 사장은 그 말에는 아랑곳하지 않고 말을 계속했다.

“그래서 때는 이때다 싶었을 때 와타나베 말살을 희망하는 사람들을 모집했습니다.”

“그건 인터넷으로?”

“네. 접수창구를 만들었습니다.”

“반응은 어땠습니까?”

“쇄도했습니다. 뭐 태반은 항의였습니다만 의뢰 건수도 상당했습니다.”

사장은 앉은 채로 사무실 쪽을 손가락으로 가리켰다.

“하루에 수백 건의 메일이 도착했습니다. 전화도 쉬지 않고 울려댔구요.”

“그럼, 도대체 뭐가 문제였던 겁니까?”

“의뢰는 많이 왔지만……”

사장은 피곤에 지친 듯이 웃어 보였다.

“모두 이렇게 말하는 겁니다. ‘와타나베가 그렇게 위험하고, 인류의 위기라면 손익을 따지지 말고 무료로 하라.’고 말입니다.”

“…….”

나와 다시로는 잠시 할 말을 잃었다.

“소비자의 뻔뻔스러움을 계산에 넣지 않았군요.”

“그들은 거저 손에 넣을만한 일에는 돈을 지불하지 않는 겁니다.”

사장은 괴로운 듯 머리를 감싸 쥐고 책상 위에 엎드렸다.

그리고 엉엉 울었다. 나와 다시로는 그저 그것을 어이 없이 바라볼 뿐이었다.

창밖에서는 욕설과 고함소리가 끊이질 않았다. 회사 건물을 둘러싸고 있는 군중은 아마도 대부분 와타나베라고 하는 이름을 가진 사람들일 것이다. 당연한 일이다. 창문을 향해 돌을 던진 것인지, 이따금 '탕' 하는 소리와 '툭' 하는 소리가 들렸다.

"밤낮 폭도들에게 시달려 노이로제에 걸릴 것 같습니다. 실은 아무것도 할 생각이 없었노라고 말할 수도 없고, 밤이 되어 저들이 해산할 때까지 집에 돌아갈 수도 없습니다. 아니, 저는 괜찮습니다. 다만, 직원들의 스트레스가……"

과연, 사장에게 어떤 위로를 건네면 좋을까? 망설이고 있을 때, 이윽고 창문이 쨍그랑하고 깨졌다. 뿐만 아니라 회의실로 굴러들어온 것 중 하나에서 '확'하는 빛이 일순간 퍼져나갔다. 붉은 빛을 띤 그것은 화염병이었다.

"으악~!"

우리는 일제히 자리를 박차고 일어났다. 그리고 급히 그 곳에서 빠져 나왔다.

주식회사 와타나베 말살은 전소됐다.

다행히 사망자는 없었다. 불을 붙인 도구에 모두 놀란 탓인지, 군중들도 모두 잽싸게 도망쳤기 때문에 범인은 잡지 못했다.

다행히 화재보험금으로 인해 주식회사 와타나베 말살은 당분간 계속 될 듯 하다.

향후 160년 후의 계획

'누구나 그렇듯이, 우리는 취업을 해야 한다.'

"여러 회사들을 돌아다녔지만 아직도 취업이 뭔지 잘 모르겠다."

"아니, 아니지. 오히려 여러 회사를 돌아다니니까 더 잘 모르는 거지."

"그도 그렇겠지. 알고 있다면 그렇게 돌아다니지 않아도 되니까."

"이치적으로 순서를 정해서 제대로 파악해야 해. 그게 인류의 예지야. 노동자 외에는 모두가 갖고 있는 거야."

"노동자는 뭘 갖고 있을까? 아무것도 갖고 있지 않은 것
도 아니고."

"노동자는 로봇이야. 노동을 갖고 있지. 그러니까 일 말이
야."

"역시 그렇군. 그것도 이치인가?"

"그렇지."

"그럼 취업을 하는 것은 예지를 버린다는 건가?"

"두 개의 이치를 융합하면 그렇게 되지."

"어떻게 버리면 좋은 걸까?"

"으음. 그건 난제다."

"그렇다고 생리적으로 '휙' 하고 던져 버릴 수는 없어."

"예지는 버릇과도 같은 거야. 예지가 있는 것은 생각하지
않을 수가 없지. 몸에 완전히 배어 있거든."

"어느 정도 배어 있는 거지?"

"거의 조건반사 적이지."

"그건 생각하고 있지 않다는 게 아니야?"

"그건 그래. 하지만 생각해보면 인간에게 예지는 거의 필

요 없는 것이나 마찬가지야."

"그래?"

"현실적으로 인류가 직면한 문제란 건 대개 A아니면 B라는 것밖에 없어. 양자택일이지. 그런 걸 선택하는 데 예지는 필요가 없거든. 어떤 걸까?"

"그건 수수께끼지."

"수수께끼?"

"그래. 예를 들어, 이 수수께끼 책을 봐 봐. '야구장에 있는 벌레는 뭐~게?' 이 혹성 위에 곤충은 백 만 종류나 존재하고 있어. 더구나 지금도 새로운 종류가 발견되고 있고. 체감으로는 거의 무한한 범주에서 선택지에 하나의 답을 고른다는 것은 어떤 점에서 예지가 필요하다는 것이지. 수학적 작업이란 거야."

"분명, 그렇다. 그럼 그것을 바르게 대답할 수 있다면 아직 예지를 갖고 있다는 거지."

"그렇게 되겠지."

"테스트 해봐도 되겠어?"

"괜찮아. 이 수수께끼 책에서 출제해봐."

"야구장에 있는 벌레는 뭐~게?"

"으음. 잔디니까. 모기나 잠자리나 메뚜기(역자주: 메뚜기의 이름인 밧타(バッタ)와 야구선수 중 타자를 가리키는 배터(batter)의 발음이 같은 데서 유래)겠지? 하천의 정비도 잘 되어 있는 걸 고려한다면 메뚜기네."

"쥐가 다니는 학교는 어디~게?"

"쥐는 도시 어디에나 있어. 하지만 고등하교 이상의 학교는 제외시켜야 해. 왜냐하면 열여섯 살 이상은 거의 살인귀이기 때문이지. 그런 곳에서는 쥐 한 마리도 살아남아 있을 수 없지. 초등학교도 또 쥐가 존재할 수 있는 환경이 아니고. 학교급식은 대량의 쥐를 키울만한 영양가를 갖추고 있지 않아. 하나하나 지워 없애는 방법으로 해 보면 역시 중학교(역자주: 중학교의 중(中)이란 발음과 쥐의 울음소리가 같은 데서 유래) 밖에 없어. 정답은 중학교야."

"도로에 서서 항상 눈 색깔을 바꾸고 있는 것은 뭐~게?"

"그건 간단하지. 신호등. 요즘은 감시카메라도 달려 있지.”

“으음. 전부 맞췄네.”

“당연하지. 예지를 갖고 문제를 풀면 이 세상에 수수께끼는 없어.”

“아니지. 잠깐! 이러고 있는 동안 우리 취업을 잊고 있잖아.”

“아아, 그랬지? 그건 곤란하지.”

“그렇다고 뭐 그렇게까지 주눅들 것까지야.”

“알았어.”

“뭐 그렇다고 또 금방 생기를 찾는 것도 그러네.”

“그렇지? 으음. 두 개의 설에 끼게 됐네. 어떻게 하면 좋을까? 이것을 극복하는 것도 예지구나.”

“그렇다면 극복할 수 없겠네. 자, 힘내자.”

“으악, 곤란한 걸. 우선, 당황하면 안 되지.”

“휴지 같은 걸 먹으면 어때? 정신 착란을 일으킨 것처럼 보일 텐데.”

“그 정도까지 연기를 할 수 있다면 훌륭한 착란 연기가 되겠는 걸."

"그렇게까지 연기를 할 수 있다면, 그렇지 않다고 하는 보증을 제시해 두지 않으면 연기가 아니게 되지."

"그러네. 그래 우리 연기하듯이 하는 거야."

"생각해보면 모두 평소 때부터 그렇게 하는 부분이 있어."

"뭐지?"

"'알고 있지만'이라든가 '굳이 말한다면'이라든가 하는 말을 많이 하잖아?"

"확실히 그건 연기를 위한 연기네."

"연기란 것은 중요해. 관측할 수 없는 것은 이 우주에 존재하지 않는 것과 같으니까."

"그 얘기를 하니까, 고양이가 생각나는데."

"살아 있는지, 죽어 있는지 알 수 없다고 하는 그 예로 말인야?"

"맞아. 괴담인가 하고 무심코 듣고 있으면 어딘지 그런 이야기가 아니라서 낭패를 보는 경우가 있잖아. 하지만 생각날 때마다 몽롱한 거야. 고양이가 살아 있는 건지 죽은 건지 알 수 없으면 진정을 할 수가 없으니까.”

“둔감해서 나타날 지도 모르니까.”

“그건 고양이라고 하는 것이 문제야.”

“그래?”

“예를 들면, 상자 속에 든 파리라면 어떨까?”

“어떨까? 라고 물어도…… 그 어떤 거지 뭐.”

“살았든 죽었든 아무도 상관하지 않겠지. 윙윙 날아다니고 있어도 아무도 상관하지 않으니까. 그렇다면 실험이 성립되지 않아. 관측할 기분이 나지 않으니까.”

“그건 그러네.”

“반대로 혹성이라면 어떨까?”

“상당히 큰 상자네.”

“이걸 우주선 ‘지구호’라고 생각해봐. 만약 지구가 멸망하게 된다면 이제 알든지 모르든 지로 끝나지 않지.”

“무시무시한 실험이네. 너무 위험해.”

“애당초 나는 고양이에게 해를 입히는 실험 따위는 절대

반대야. 절대 용납 못해.”

“분명히 그걸 간과할 수 있는 인간은 없을 거야.”

“과학자는 악마다!”

“과학은 마녀다!”

“놈들만큼은 용납 못한다고 오래전부터 생각하고 있었어.”

“놈들은 정말로 변변한 일을 하지 않으니까.”

“정말이야. 지금까지 놈들은 인류를 위한답시고 무시무시한 일들을 저질렀어. 신생아의 생존율을 올려서 인류를 존망의 위기에 세우고, 인터넷으로 국제 정보의 공유를 이루어 인류를 존망의 위기에 세우고, 인류를 맹신에서 해방시켜서 존망의 위기에 세웠어. 그것과 맞바꾸어 플러스된 것이 뭐가 있지?”

“전혀 떠오르지 않는데.”

“아아, 미안. 내가 착각했어. 그건 플러스였어.”

“그게 뭔데?”

“지구온난화!”

“따뜻하니까?”

“아니. 그런 차원 낮은 이야기가 아냐. 생각해봐. 인류가 즉사하지 않고, 인체에 아픈 후유증을 남기지 않는, 소위 무해한 공해를 발견한 거야.”

“발명한 거야?”

“당연하지. 이제야 비로소 자제심이 없는 인류에게 생리적인 브레이크가 걸린 거야. 이제 인류는 앞으로 백 년은 존속할 수 있을 지도 몰라. 과연, 그런 위대한 발명이 우발적인 걸까?”

“설득력 있군.”

“담배 케이스에 협박문을 쓰지 않으면 우리는 살아갈 수 없는 거야. 그래. 협박만이 인류를 구원하니까. 온난화가 아직 실용화되지 않았던 시대를 생각해봐. 모두들, 인류가 한없이 문명을 발전시켜서 화성에 별장을 가질 거라고 진정으로 믿고 있었으니까.”

“그런 붉은 것에 말이야?”

“정말 개념이 없는 것에도 정도가 있지. 우주를 사용하는 방법이라는 명분으로. 디지털 하이비전이라고 해서 신나서 봤지만 별게 아니잖아. 뉴스 캐스터의 모공만 멍하니 바라보고 있고 말이야."

"고화질 하면 나는 그 블루레이라는 게 싫어서 미치겠어."

"싫어?"

"아니. 파란 거 같아서."

"파란 거 같아?"

"아주 파란 거 같아. 이렇게 말하고 나니까 더 싫어져. 그래서 가능하면 보급되지 않기를 마음 깊이 바라고 있어. 실제로 어떤 건지는 모르지만."

"나도 전혀 모르지만, 알고 보면 생각한 것만큼 파랗지 않을 지도 몰라."

"일단, 의식을 하면 그렇다는 거야. 이제 파랗지 않았으면 좋겠어."

"그래?…… 조금도 파랗지 않다고 하는 건 무리겠지."

"아마도 기술상의 문제로, 뭔가 파랗지 않게 하면 안 될 거라고 생각하고, 동정은 하지만 동정만으로는 해결되지 않는 점이 있거든."

"하지만 파란 것이 좋다고 하는 사람도 있을지 몰라."

"그런 작자가 과연 있을까?"

"사람의 기호라고 하는 건 정말 알 수 없는 것이 거든. 예를 들면, 프라이드 그린 토마토야를 누가 가정요리라고 상상할 수 있겠어?"

"영 콘도 처음 들었을 때는 있을 수 없는 이름이라고 생각했지."

"왠지 영 뭐 뭐라고 하는 텔레비전 드라마를 떠올리게 되니까."

"맞아. 나도 처음에 영 뭐 뭐를 떠올렸어."

"그리고 보니 영 뭐 뭐라고 하는 해외 텔레비전 드라마는 있을 법하지. 시청자들에게 친숙한 인물의 청춘시절은 흥미롭기도 하고 마음 편히 즐길 수도 있을 테니까."

"그렇지만 일본에서는 잘 만들지 않는 거 같아."

"뭔가 문화적인 차이라도 있는 걸까?"

“좀 생각해봐. 영 미토코몬(水戸黃門. 역자주: 역사극의 진수로 불리는 일본 드라마. 에도시대 미토(水戸) 지방의 영주로 명망이 높았던 도쿠가와 미쓰쿠니(徳川光)를 주인공으로 해서 세상을 계몽하고 선도하기 위해 유랑하는 내용. 미토코몬만유키(水戸黃門漫遊記)라고도 불린다.).”

“육십 대일까?”

“그건 그다지 의미가 없는 거 같은데. 이건 어때? 영 월광가면.”

“글쎄. 원래의 나이를 모르니까.”

“가면이니까. 좀 생각을 바꿔보자. 영 에나리 가즈키(江成和己. 역자주: 아역 출신 인기 탤런트. 특혜입학을 거부하고 재수를 통해 세이조 대학에 입학. 매일 맨 앞줄에서 강의를 들은 것으로도 유명).”

“아니. 이젠 아무래도 상관없어.”

“역시 일본적이지 않은 건지도 모르겠어.”

“일본이라고 하는 나라는 다른 나라에서 보았을 때 얼마나 이질적인 곳일까?”

“그건 뭐…… 피차 간에 마찬가지가 아닐까? 다른 나라를 볼 때 누구나 많든 적든 이질감을 느끼는 것처럼 말이야.”

“상대적으로는 그렇겠지.”

“거의 대부분이, 일본은 작은 나라로 이단이라고 말하지만 인구가 일억 명을 넘잖아. 세계 총인구 대비 60분의 일이나 되는 셈이야. 그렇게 볼 때 60명 가운데 한 사람의 개성이라고 알아주는 정도로 생각하면, 설령 어느 정도 독특하다고 해도 그렇게 기이한 경우라고 말할 수는 없는 것 아니야?”

“그럴까?”

“올 해 발매된 휴대전화 회사, 기종, 컬러, 변화는 도무지 셀 수 없어서 정확하게는 모르지만 60종류 정도는 될 거라고 생각해.”

“응. 그런데?”

“그 가운데 어느 기종을 갖고 있다고 해서 크게 수선을 떨 정도의 개성이라고 할 수 있을까? 그 정도의 것밖에는 아닌 거야.”

"분명히 휴대전화 따위로 누군가에게 자랑한다면 부끄러운 일이지."

"휴대전화라면 안테나를 세우는 놈들이 있으니까."

"있지."

"있으면 무슨 의미가 있기라도 하니? 몇 센티미터 커진 정도로 수신 상황이 바뀐다고 생각하는 모양이네."

"기분상의 문제가 아닌가 보구나?"

"분명히 기분은 중요하지. 횡재한 느낌이랄까? '리얼'보다 '리얼리티'야."

"'플래시보'란 것도 유명하지."

"사전을 찾아봤더니, 안심이란 의미와 같던데. 그런데 지금은 오히려 효과가 올라간다고 하는 의미 쪽을 강조해서 사용하고 있어."

"약효를 테스트할 때 대조하기 위한 약으로 주었던 것이 효과를 발휘했기 때문에 인지된 것이라며? 그런데 그렇게 되면 플래시보의 대조제란 것도 나와야 되는 거 아닌가?"

"맞아. 실험도 없이 마구잡이로 사용되선 곤란하지. 우린 실험동물이 아니니까. 어떤 부작용이 나올지도 모르는데 무심코 있을 순 없잖아.”

“그러니까 가짜 약에 대해 실제로 효과가 있는 대조제를 사용해서 임상실험을 하는 거야.”

“그러자면 의학 관계자들에게 단호하게 요구해 나가야지.”

“정말이야. 그렇게 되면 우리는 국민의 한 사람으로 의학 발전에 기여하고 있는 거라고.”

“의료보험 내는 게 억울하지 않으려면 마구마구 아파야 해.”

“그럼, 계단에서 굴러 떨어지기라도 해야 하는 거 아냐?”

“과연, 어떨까? 모두 욕심이지. 그래서 평소 첨가물을 마시고, 스트레스를 담아두고, 보도에서 자전거를 타고 있거든. 경쟁은 치열하니까.”

“치열한 경쟁에서 살아남기 위해서는 그냥 무턱대고 노력하는 것만으로는 곤란해. 라이벌을 격추시켜야만 해.”

“으음. 건강식품이라도 나눠줄까?”

"세계평화를 기원하자. 아무도 병이나 사고로 고통당하지 않도록."

"너, 완전히 독점할 생각이니? 얼마나 사악한 거냐?"

"이익을 추구하기 위해서는 인간성도 윤리도 버릴 각오가 돼 있어."

"하지만 사랑이 없으면 살아갈 수 없어."

"알아. 모두가 사랑에 굶주리고, 술에 찌들어 모든 걸 잃고, 뒷골목을 배회할 지도 몰라."

"인생의 설계가 되어 있다면 문제없어."

"계획은 완벽하지. 향후 백육십 년까지 계획을 짜뒀거든."

"향후 백육십 년? 뭘 하고 있을지 알고 싶은데."

"아아, 그 무렵의 인류는 대뇌가 둘 있고, 이는 네 개 밖에 없어."

"그래서 칫솔 따윈 쇠퇴해서 없어지지만, 치열교정 도구는 재료비가 싸게 먹히기 때문에 덴탈 케어는 우량주가 돼."

"불황을 모른다는 거야?"

“아니. 모자산업이 돈을 벌지. 둘 있는 뇌 가운데 한 쪽은 노출되어 있으니까.”

“그럼 인류의 미래는 괜찮은 거냐?”

“몰라. 그런 건 지금 내게 별 의미가 없으니까. 아무튼 나는 모자산업에 눈독을 들이고 있지. 그런데 폭발적인 이익이 나오는 건 백육십 년 뒤라서 문제야. 그때까지 뭔가 일을 찾아야 하거든.”

“아, 역시 그렇군. 그러니까 다시 말해서…… ”

“맞아. 모자산업 이외의 직장을 찾고 있어.”

출판업계의 진실

'누구나 그렇듯이, 우리는 취업을 해야 한다.'

오늘도 먼저 얘기를 꺼낸 것은 다시로였다.

"순서가 좀 잘못됐다는 생각이 들지 않나요?"

"오호."

"학생이라면 우선 한 번 정도는 출판업계를 지망하는 것이 상례거든."

"그건 그러네요."

우리의 이야기를 들으면서 그 남자는 순순히 동의를 반복하고 있었다.

오모리(木木木) 출판사는 모르는 사람이 없을 정도로 큰 출판사다. 어느 정도 큰가 하면, 자사 빌딩을 가지고 있을 정도다. 아주 멋진 건물인데, 24시간 불이 꺼지지 않기 때문에 인근의 항의가 빗발쳐 모든 창에 항상 블라인드가 쳐져 있다. 그래서인지 실내는 비교적 어둡고 곰팡이 냄새까지 났다.

우리가 안내를 받아 들어간 곳은 직원들이 차를 마실 수 있도록 꾸며놓은 로비 쪽 휴게공간이었다. 그래서인지 사람들이 왔다갔다 하는 모습이 비교적 잘 보였다. 끊임없이 사람들이 오가고 있었다. 특히 영국 왕실 경비병처럼 근엄한 표정을 지으며 이쪽저쪽 왔다갔다 하는 경비들은 비록 총을 갖고 있지는 않았지만, 마치 '나는 지금 총을 갖고 있다'고 하는 듯한 분위기를 풍기고 있었다. 누구든지 총을 가지고 있을 거라고 착각하게 하는 차림이었다. 어쨌든 이곳은 전형적인 출판사 빌딩이다.

우리를 맞은 사람은 전형적인 출판사 건물에 어울리는, 젊고 패기 넘치는 편집자였다. 일찍이 테니스 서클 활동쯤

했을 것이 분명해 보이는 얼굴이었다. 또 빨간 스포츠카를 타고 있음이 틀림없어 보였다. 필시, 그렇게 보이지만 둘 다 아닐 수도 있다는 것도 의심할 여지가 없다.

우리는 계속해서 이야기를 나누었다.

"가장 크다고 하는 회사조차도 사실상 대기업 축에 못 끼고, 구태의연하고 새삼 창의적인 일도 아니며, 문제가 산적해 있고, 그렇다고 장래가 촉망되는 직종도 아닙니다. 그런데도 많은 학생들이 출판업계에서 일을 하고자 합니다. 여기에는 분명 뭔가 다른 이유가 있다고 생각합니다. 그렇게 생각하지 않나요?"

"네."

편집자는 단호하게 말했다.

"그 이유는 간단합니다. 출판업계에 있는 사람들은 모두 일류대학을 나왔기 때문입니다."

"네에."

나는 잠시 기다렸다가 '예?'하고 반문했다.

"예? 그게 이유입니까?"

"그렇습니다. 출판업계의 가치는 바로 거기에 있습니다."

"일류대학이라면 구체적으로 어느 선까지를 말하는 것이죠?"

잠자코 있던 다시로가 물었다.

편집자는 표정도 바꾸지 않고, 게다가 비스듬히 앉은 자세도 바꾸지 않은 채, 반쯤 눈을 감은 듯이 여유만만하게 웃음을 지으며 동시에 고개를 끄덕이는 동작 외에는 아무것도 하지 않았다.

그리고 말투도 바꾸지 않았다. 그리고 이렇게 말했다.

"그건 분명합니다."

"아…… 그렇습니까?"

나는 다시 또 잠시 기다렸다가 '예?'하고 물었다.

"예? 그럼, 어느 언저리일까요?"

"명확한 건 말할 필요도 없는 거 아닙니까? 일류대는 일류대입니다. 이류보다 위입니다."

"그야, 그렇겠죠."

맞는 말이다.

그러고 있는 사이에, 편집자는 잠시 서류를 살폈다. 아주 잠시. 읽은 것으로는 보이지 않았다. 그러더니 잠시 후 우리를 향해 입을 열었다.

"두 분은…… 흐음, 틀림없이 일류대군요."

"네."

"안심했습니다. 이류 이하를 대충 걸러낸다는 건 아주 성가신 일이거든요."

"성가시세요?"

"쉬운 일이 아니죠."

"그건 그래요."

맞는 말이다.

그는 손가락 하나를 세우고 한 쪽 눈을 감았다. 분명히 충고를 하려는 포즈다.

"기억해두면 좋을 겁니다. '쉽지 않은 일은 성가신 일이다.' 이것이 출판업계의 상식입니다."

"그렇군요."

"이것을 잊어버리면 큰코 다칠 수 있습니다."

“큰코?”

“네. 쉽지 않은 일을 해야 하는 상황이 옵니다.”

“그렇군요.”

어떻든 나는 화제를 바꾸었다.

“출판업계라고 한 마디로 말해도 내용은 다양하잖아요? 귀사는……”

편집자는 불문곡직하고 그 자리에서 잘라 말했다.

“네. 물론 모두 일류대학 졸업입니다.”

“예? 아니, 내용을 ……”

당혹해 하는 내 말을 가로막으며 편집자는 다시 한 번 힘을 주어 말했다.

“그러니까 일류대학 졸업입니다. 전원이. 한 사람도 빠짐없이 말입니다. 가짜는 단 한 명도 없습니다.”

“아아, 네. 그렇습니까?”

인정하지 않으면 무슨 일이 일어날지도 모르는 분위기였기 때문에 나는 그냥 인정할 수 밖에 없었다. 그다지 어려운 일은 아니었지만 의외로 멋쩍었다.

당혹스러워 하는 나를 보고, 편집자는 한 쪽 눈을 감았다.

"그 말만 하는군, 하고 생각하십니까?"

"예? 아뇨."

부정하면서도 나는 약간의 안도감을 느꼈다. 그렇다. 단지 그 말만이 아니라 뭔가 이유가 있을 것 같다.

"거기에는 어쩔 수 없는 사정이 있습니다."

"그렇군요."

편집자의 말에 나는 비로소 긴장을 풀었다.

그러자 그가 말했다.

"왜냐면 일류대이기 때문입니다. 감추려고 해도 감출 수가 없는 것입니다."

나는 긴장을 풀고 있었기 때문에 순간적으로 대응을 하지 못하고, 그저 꼴깍 하고 침을 삼킬 수밖에 없었다.

다시로도 같은 기분인 것 같다. 나와 똑같이 침묵을 하더니 잠시 후 이렇게 말했다.

"감추려고 하지는 않죠."

"네. 감추려고 해도 다를 바 없겠죠."

"과연, 그럴까요?"

"생각해보십시오. 출판업계 사람들은 모두 일류대 졸업인 겁니다."

"네."

"그러니까 출판업계이기 때문에 일류대이고, 그건 누구나가 다 알고 있습니다. 감출 수가 없습니다."

맞는 말이다.

맞는 말에는 납득할 수밖에 없지 않은가. 나는 납득했다.

"납득했습니다. 그런데 뭐 하나 여쭤봐도 될까요? 요 근래에는 헌책이나 대여도서점이 생겨서 출판업계의 이익에 압박을 하고 있다고 들었는데요. 반대 입장에 서 있다 보면 확실히 사용자로서는 유용한 점이 있거든요."

"네. 그건 정말 어려운 문제입니다."

편집자는 곰곰이 생각에 잠긴 듯 했다.

드디어 핵심이 있는 말을 해줄 것 같았다. 나는 계속 말을 이었다.

"그렇겠지요. 그러니까……"

“말 그대로…… 그런 그들이 이류 이하의 대학을 졸업했기 때문입니다.”

“예에?”

나도 모르게 비명이 터져나왔다. 그러자 편집자는 의아스러운 표정을 지으며 내게 물었다.

“뭐죠?”

“아뇨. 상당히 예상 밖의 말씀을 하셔서……”

편집자는 더욱 이해가 되지 않는다는 표정으로 미간을 찌푸렸다.

“그래요?”

어떨까? 나는 잠시 다시 생각해보았다.

“아니. 생각해보니 완전히 예상하고 있었던 기분이 듭니다.”

“그렇죠? 모두 알고 있는 일입니다.”

음~ 음 하며, 편집자가 고개를 끄덕였다.

“물론 이류대학을 나온 사람들도 살아야 하죠. 가능하다면 우리 일류대 졸업자들에게 피해를 주지 않으면서 살아

주기를 바랍니다. 하지만 분명 그들은 이류입니다. 그래서 우리는 그들에게 어떤 기대도 하지 않습니다.”

“그러니까 애정을 가지고 대해 주어야 한다는 말씀인가요?”

“아뇨. 그들은 즉각 거세되어야 합니다. 근절을 위해서는 달리 방법이 없습니다.”

“그러니까……”

“상상해보십시오. 꿈이 있는 출판업계의 미래를.”

그는 나비처럼 팔랑팔랑 손을 흔들며 눈을 반짝거렸다.

“이 지구상에 출판업계만 있으면 그걸로 충분합니다. 우리는 마음속으로 그렇게 생각하고 있습니다.”

“그렇습니까?”

내가 묻자, 그는 아직 꿈을 꾸고 있는 듯한 눈빛으로 말을 계속했다.

“저작권은 그래서 있는 겁니다.”

“그, 그런 겁니까?”

나는 더듬거렸다.

편집자는 깊은 한숨을 내쉬었다.

"몰랐습니까? 하지만 생각해보십시오. 저작권만큼 무형의, 그러면서 사정없이 엉망인 권리는 좀처럼 찾아보기 어려울 겁니다."

"네에⋯⋯."

"어쨌든 등록도, 인가도 전혀 필요 없고, 그저 뭔가를 만든 순간 무조건 인정받고, 보증되는 권리입니다."

"⋯⋯"

이제 나는 맞장구를 치는 것조차도 포기한 상태였다.

그러나 편집자는 반응 따위는 아랑곳하지 않는 눈치였다.

"만약 핵무기의 저작권을 가지고 있다면, 밥을 하는 저작권을 갖고 있다면. 소비세의 저작권을 갖고 있다면⋯⋯. 가능성은 무한한 겁니다."

"정말 무한합니까?"

"네. 무한합니다. 이 놀랄만한 권리를 갖고 있다면, 출판업계는 세계를 지배할 수도⋯⋯"

흥분해서 말을 하던 편집자가 잠시 말을 멈추었다.

"잠시 제가 흥분했군요. 하지만 두 분도 그렇게 생각하지 않습니까?"

확신에 찬 목소리고 그가 물었다.

"그렇습니까? 확실히 유망하군요."

나는 반 체념한 기분으로 맞장구를 쳤다.

그러나 틀린 것 같았다. 편집자는 고개를 가로 저었다.

"아직 잘 모르고 계신 것 같아요. 유망하지 않습니다. 무엇보다 훌륭한 것은 이제부터 손에 넣는 것이 아닙니다. 이미 우리는 그것을 손에 넣었습니다. 이미 갖고 있다면 바랄 필요도 없는…… 이거야말로 출판업의 비법입니다."

"비법입니까?"

"네. 그러니까 일류대학 졸업인 겁니다. 갖고 태어난 것은 결코 놓치지 않는 거죠."

그는 당당하고 자신만만했다. 자랑스러운 듯이 옷깃을 세우기조차 했다. 새삼 말할 필요도 없지만 편집자는 양복을 입고 있지 않았다.

"출판업계를 잘 생각해보십시오. 혹시 출판업계가 종이

와 잉크의 가공품을 판매하는 것으로 이익을 창출한다고 생각하십니까? 그렇게 생각한다면 오해입니다. 절대 그렇지 않습니다."

그가 눈을 크게 뜨고 손을 흔드는 모습이 눈에 들어왔다. 그 모습이 마치 홈쇼핑 프로그램에 출연한 탤런트와도 같았다. 그는 바보라도 알 수 있는 해설을, 바보라도 알 수 있도록 해설한다고 하는 곤란을 만들어내는 곤란한 사람들이었다.

"우리는 종이와 잉크의 가공품을 제조, 판매하는 권리에 따라 이익을 내고 있습니다. 그렇습니다. 출판업계의 모든 이익은 권리에 의해 창출되고 있습니다. 이것들은 모두 준비된 길, 신의 은총으로, 왕에게 주신 하사품입니다. 혹시…… 어디까지나 혹시인데 말입니다. 생각컨대, 우리는 하늘에 축복을 받고 있는 겁니다."

"그건 잘 됐네요."

"네. 정말 그렇습니다. 생각할 필요도 없이, 움직일 필요도 없이, 조사할 필요도 없이. 다만, 우리가 주의해야 하는 것은 단 하나. 생각하지 않고, 움직이지 않고, 조사하지 않으려고 노력하는 겁니다."

"생각해버리면 어떻게 되는 거죠?"

"이미 그런 사람이, 그런 것에 의문을 품었을 때, 무슨 일이 일어날 거라고 생각하나요?"

"……"

나는 그가 했던 말들을 곰곰이 다시 생각해보았다. 그러나 솔직히 말하면, 한 번 들은 것으로는 무슨 의미인지 알 수 없었기 때문에, 다시 한 번 물어야 했다.

"글쎄. 어쩌면 그런 사태에 직면한 적이 없어서."

나는 할 수 있는 만큼의 말을 했지만, 편집자는 미소를 지었다. 정말로 문자 그대로 뭐라고 말할 수 없는 미묘한 웃음이었다. '거 봐'라고 하는 표정에 가장 가깝다고나 할까.

"그렇게 되지 않을 겁니다."

"그렇습니까?"

"네. 그렇습니다. 그렇지 않은 가능성 따위는 일찍이 한 번도 생각해본 적도 없습니다. 왜냐하면 원래 그런 것이고,

그렇지 않은 적이 한 번도 없었기 때문에 그런 것이며, 그렇기 때문에 그런 것입니다. 반드시 기필코! 분명히! 확실한 겁니다!"

그는 눈에 핏기를 세우며, 숨도 쉬지 않은 채 떠들어댔다. 양쪽 눈만 크게 뜨고 있고, 얼굴 표면 만큼은 여전히 미소를 띠고 있다.

"…… 아주 대단한 일이라고 생각합니다."

빈정대는 것이 아니라, 나는 진심으로 그렇게 말했다.

그것이 통한 것일까? 그도 웃으면서 수긍했다. 아니, 어쩌면 이것도 단지 생각하지 않고 있을 뿐인지도 모르지만.

"모두 권리의 덕분이죠. 아니, 권리자인 우리들의 덕분입니다."

반복해서 말하는 편집자에게 나는 지금까지 계속해서 생각하고 있던 것을 말했다.

"하지만 저작권이란 다른 출판사와는 관계없는 건가요?"

"앗, 이런! 회의시간입니다."

그러더니 서둘러 자리에서 일어났다.

나와 다시로도 함께 자리에서 일어났다. 서류는 책상에 그대로 둔 채 사무실을 향해 걸어가는 편집자에게 물어보았다.

"그런데 저희는 출판업계에 취업을 할 수 있을까요?"

"아니오. 무립니다."

"알겠습니다."

우리는 출입 허가증을 안내에게 돌려주고 밖으로 나왔다.

밖으로 나와 출판사 빌딩을 올려다보니 실로 위풍당당해 보였다. 주변의 어느 건물보다도 높고 근사했다.

빌딩 사이로 부는 바람도 만만치 않았다.

그 바람에 날려 사라질 것만 같은 소리로, 진지하게 다시로가 중얼거렸다.

"세계를 지배하기 전에 어떻게든 해두는 게 좋을 것 같은데. 출판업계."

"글쎄 그건 그렇지만 이왕 늦었으니까 내버려두는 게 좋지 않을까?"

나는 그렇게 말하고, 가장 가까운 지하철역을 찾았다. 그런데 출판사 빌딩은 왜 꼭 지하철역 바로 옆에 있는 걸까.

158

나만의 스토리 만들기

'누구나 그렇듯이, 우리는 취업을 해야 한다.'

"그게 말인데…… 어쩌면 우리가 큰 착각을 하고 있는지
도 몰라."

"착각?"

다시로의 뜻밖의 말에 깜짝 놀란 내가 물었다.

그러자 그가 무겁게 이야기를 계속했다. 지금까지 굳게
닫혀있던 문이 육중한 소리를 내며 열리는 모습이 연상되
는 그런 표정이었다.

"몇 군데 회사를 돌아다녀봤지만, 우리는 결국 취업을 못

했어."

"아아."

"이건 아무리 생각해봐도 이상해. 분명 뭔가 이유가 있을 거라는 생각이 들어."

"그건 나도 마찬가지야."

"답은 나왔니?"

"전혀 모르겠어."

"그래? 나는 이렇게 생각했어. 이상한 일이 일어날 때면 그건 우리 힘으로 어쩔 수 없는 대우주의 힘이 작용하고 있는 것이 아닌가 하고."

다시로는 그렇게 말한 뒤 한 마디를 덧붙였다.

"즉, 교주님의……"

"확실히 이런 일에는 인연이 중요해. 그것을 마이너스로 생각하고 있자면 결말이 나질 않아. 긍정적으로 생각해야 해."

나는 무시하고 그렇게 말했다.

"으음."

다시로가 고개를 끄덕였다. 그는 어느 특정한 단어가 나올 때면 내가 무시하는 것에 이미 익숙해졌는지, 별 신경 쓰지 않는다는 듯이 말을 계속 하곤 했다.

"우린 노동자가 되자! 되자! 하고 있는 건데……. 우리가 그렇게 하자고 해서 꼭 그렇게 되는 건 아니라는 거야. 그리고 우리는 그것만이 취업의 길이라고 믿고 있었어."

"그렇지."

"하지만 세상에는 노동자가 되지 않으면서도 취업을 할 수 있는 방법이 있어."

"그래?"

놀란 내가 다시로에게 되물었다.

다시로는 목소리를 낮췄다.

"바로 창업이란 거야."

"창업!"

나는 그 단어를 머릿속에서 음미했다.

먼저 맛을 보고, 또 맛을 본다. 음미 끝에 나는 그 느낌을 말했다.

“어쩐지 달콤한 맛이 나는데.”

“그렇지? 한 번은 다들 반하는 모양이야. 마법의 단어지.”

“으음. 괜찮은데.”

다시로와 나는 즉시 합의를 하고, 바로 행동에 옮겼다.

“자, 행동 개시!”

“아아, 우물쭈물하지 마. 허비할 시간은 일 초도 없으니까.”

나는 방석을 두드려서 부풀게 한 뒤 그 위에 올라앉았다.

다시로도 같은 동작을 했다. 우리는 서로 마주보고 앉았다. 서로 합의한 이상, 이제부터 완벽하게 의논을 해야 한다. 달리 특별한 게 있을 리 없으니까.

내가 먼저 다시로에게 물었다.

“창업의 제1단계가 뭔지 알고 있어?”

“창업하는 거겠지.”

“그야 그렇지.”

우리는 서로의 말에 고개를 끄덕이며 말을 계속했다.

“그럼 어떻게 하는 게 창업을 하는 걸까?”

"그건 좀 어려운 문젠데."

다시로는 얼굴을 찡그렸다.

"그러니까 노동자가 되지 않는다는 건데……"

"우리는 노동자가 아니거든."

"그렇지."

"하지만 우리는 아직 창업을 하지 않았어."

"그렇지."

다시로는 위엄 있게 맞장구를 쳤다.

"뭔지 모르겠는데…… 창업은."

"단도직입적으로 생각해보자. 그러니까 창업이란 노동자가 아닌 우리들에게 어떤 요소가 플러스된 거야."

"떠오르는 이미지로 생각하는 방법이 있지. 창업이라고 하면 스타트는 차고지."

"확실히 그래. 차고에 애송이 두세 명이 모이는 게 필수 코스지."

"차고라고 하면 도구는 매킨토시 아닐까? 그러니까 마커 (역자주: 매킨토시 사용자를 줄여서 부르는 외래어)인 거야.”

“마이크로 소프트는 안 돼?”

“안 돼. 꼭 유연제가 들어간 세제 이름 같거든”

과연, 다사로의 지적은 설득력이 있었다.

우리는 계속 해서 이미지를 덧붙여갔다.

“티셔츠 차림은 분명하지?”

“아아, 그 다음엔 타퍼웨어(역자주: 미국 타퍼웨어 사에서 제조한 플라스틱 용기)를 팔러 다니는 것도 필요해.”

“환풍기 필터 청소하는 일 정도의 느낌이 들지 않아?”

“이불이나 묘비나.”

“포장마차 수레를 겨우 인수받긴 했지만 노하우를 전혀 몰라서, 결국에는 폭력배들에게 두들겨 맞는 일도 있고.”

“심야영업을 하는 가게에서 기타를 치면서 시와 사진, 그림, 마술을 파는 것도 본 적이 있어.”

“노래를 잘 부르는 테네시의 광부 딸이 레코드를 녹음해서 라디오 방송국에 보낸다고 하는 장르도 생각할 수 있고.”

다양한 의견을 검토하다가, 나는 순간 입을 다물었다.

“그래서 어떻다는 거지?”

역시 전혀 모르겠다.

하지만 다시로는 뭔가 알고 있는 것 같았다. 그는 자신만만하게 다음과 같은 결론을 냈다.

“그래서 말인데…… 창업은 고생을 바가지로 한다는 거지.”

“아아!”

그제야 뭔가 알 것 같았다. 그래서 따지듯이 물었다.

“확실히 창업은 고생이다 이거지?”

“젊은 날 고생은 사서도 하라고 하잖아? 그런 거지.”

그렇게 단정적으로 말하는 다시로에게 잠시 간격을 두고 다시 물었다.

“어? 무슨 소리야?”

그럴듯했지만 잘 이해가 되지 않았다.

그러자 ‘아이고’ 하면서 다시로는 고개를 저었다.

“수요가 있는 곳에 공급이 있어야지. 고생담은 상품이라고 하는 건 이미 정해져 있겠지만.”

“그렇군!”

창업의 메커니즘은 여기서 판명되었다.

그러나 고생담은 그렇게 간단한 것이 아니었다. 뭐니 뭐니 해도 고생을 한다는 게 문제였다. 고생을 하는 것이 전제다. 고생은 엄청난 일이다. 어쨌든 고생을 한다. 곤란한 일이지만, 과연 해낼 수 있을 것인가?

“불가능하진 않지.”

다시로는 단정적으로 말했다. 이번만큼은 평소와 달리 믿음직스러웠다.

그가 벌떡 일어났다.

“자, 그럼 타고난 죄를 씻어내기 위해 자기 몸을 채찍으로 때리는 거야.”

“그런 고생이 아니잖아?”

“뭐, 아니라고?”

“옛날부터 꽤 장사가 잘 된 사업이었는지 모르지만……”

“제기랄, 역시 버블인가? 한껏 부풀어 오른.”

방바닥을 치며 원통해 하는 다시로를 향해 나는 말을 걸었다.

"어떻든 고생이라면 무엇이든 괜찮다고 하는 건 아닌 것 같은데."

"분석해볼 필요가 있겠지?"

"으음. 어떤 고생담이 장사가 될까? 샘플에서 그 요소를 뽑아 보자."

"잘 팔릴 것 같은 입지전이란 어떤 것인지를 생각해보는 거야. 아까 예를 든 이미지가 도움이 될 것 같아. 그걸 종합해보면 되겠지."

다시로는 잠시 고민을 하더니, 이렇게 말을 했다.

"자본 총액 30조 엔의 대기업. 시작은 단 세 사람의 유지. 살아남은 사람은 단 한 사람. 영욕을 거듭하면서 당대에 큰 성공을 거둔 회장은 현재 반 칩거상태에 있지만 재계와 정계에 커다란 영향력을 갖고 있어서 경제계의 총리로 불린다. 하지만 올곧은 기술자 근성의 소유자로 지금도 현장에서는 존경을 받고 있다. 나이 칠십. 그가 지금까지 가슴속에 담아 두고 있었던 말을 드디어 세상을 향해 털어 놓는

다……”

“괜찮은데.”

“이름은 으음…… 소노오다 엔시로(園生田遠四郎)라고 해두자. 소노오다 브랜드는 세계적인 지명도와 고도의 기술, 안전성, 그리고 환경에 대한 배려도 만시지탄(晩時之歎)에 대한 염려도 없다.”

“뭘 파는 회산데?”

나의 질문에 다시로가 즉시 답을 했다.

“그는 뮤지션이야.”

“……”

이번에는 내가 잠시 생각에 잠겼다.

“그건 너무 무리 아니야?”

“하지만 대표로서 샘플링하기에는 모든 계층에 어필할 수 있는 입지전이 아니면 안 되잖아. 무리가 안 되는 범위에서 가능한 한 많은 이미지를 도입해야 하니까.”

“이미 상당한 무리가 발생하고 있다는 생각이 드는데……”

"아니 그건 계속하다가 완전히 무리에 봉착했을 때 정정하기로 하자. 괜찮지? 소노오다는 유지들과 함께 길거리에서 뮤지션으로 스타트를 하는 거야."

"알았어."

"타퍼웨어를 팔러 다니기도 하고, 환풍기 청소에 이불과 묘비의 방문판매, 포장마차를 인수받긴 했지만 노하우를 몰라서 폭력배들에게 얻어터지기도 한다."

"한꺼번에 그걸 다 쓸 셈이야?"

"물론 티셔츠를 입고, 가슴에는 'TM 시디 프로그램'이라는 글쓰가 쓰여 있어."

다시로는 그렇게 단서를 달고 말을 이어나갔다.

"솜씨는 있어. 끼도 있고. 하지만 좀처럼 성공을 거두지를 못하는 소노오다. 무엇이 부족한가? 하고 고뇌하는 그는 매일 에비스바시(戎橋. 역자주: 오사카 주오 구 번화가 도톤보리에 있는 다리) 위에서 연주를 하며, 자신의 미래에 대해서 생각한다. 그리고 매일같이 그의 연주를 들으러 오는 깔끔하게 옷을 차려 입은 초로의 한 신사가 있었다.

“호오!”

“그는 소노오다에게 말을 거는 일도 없이 매일 몇 곡의 연주를 들은 후 돌아간다. 그러던 어느 날 기분이 울적해진 소노오다가 연주를 하러 나가지 않는다. 한 번 연주를 나가지 않으니, 그것이 점점 귀찮아진 소노오다는 차츰 노상활동의 빈도수가 줄어, 며칠에 한 번 꼴로 하기도 하고, 또 일주일을 쉬는 일도 일어났다.”

다시로는 거기서 이야기를 중단하고, 비극적 장면을 준비하기라도 하듯 한 박자를 쉬었다.

“그러던 어느 날 소노오다는 다른 볼일이 있어서 그 다리를 건널 일이 있었다. 기타를 들지 않은 채로 그 다리를 지나는 것이 왠지 주눅이 들었던 그는 이상한 느낌을 받는다. 그러나 곧 ‘아무도 나한테 신경 쓰지 않을 거야. 기타를 들고 노래를 부르고 있지 않으면, 내가 그 사람이라고 누구도 눈치채지 못할 걸……. 매일 나를 보고 지나던 사람들조차도. 전혀 기억하지 못할 거야.’ 라고 생각한다.”

다시로는 고개를 가로 저으며 감정을 넣어 이야기를 계

속했다.

"하지만 다리 위에서 소노오다가 본 것은 바로 그 초로의 신사였다. 처음에 소노오다는 그 노인이 왜 다리 위에 혼자 우두커니 서 있는지 알 수 없었다. 치매라도 걸린 것일까? 하는 정도였다. 그러나 그곳을 지나가려는 순간, 노인과 눈이 마주쳤다. 그 순간, 소노오다는 충격을 받는다. 그 노인은 소노오다의 노래를 기다리고 있었던 것이다!"

"일어나라, 소노오다!"

나는 나도 모르게 그만 감정이입이 되어 소리를 지르고 말았다.

그러자 다시로는 고개를 끄덕이며 손을 들어 소리를 진정시키는 제스처를 취했다.

"그 후 소노오다에게 불이 붙었다. 아무것도 달라진 것은 없었다. 단 한 사람, 자신의 노래를 듣고 있는 사람이 있었다고 하는 것뿐이다. 그러나 그래도 좋다. 단 한 사람이라도 통했다고 한다면 세계로도 통할 것이다. 소노오다는 그것을 믿었다!"

"소노오다! 일어나라! 소노오다!"

"그리고 소노오다는 생각했다. 자신에게 부족한 것. 그건 어필, 즉 퍼포먼스다. 그러나 그냥 전하는 것만으로는 부족하다. 전하는 방법을 생각해야 했다. 그 결과, 소노오다는 이로 연주하는 테크닉을 고안해냈다!"

"그건 오리지널이 따로 있는 것 같은데. 소노오다!"

내가 이런 지적을 하자, 다시로는 알고 있었다는 듯이 다음과 같이 덧붙였다.

"아니, 소노오다는 이빨만으로 연주를 했다. 기타도 없이."

"와~ 더 대단한데. 소노오다!"

"그 후 그런 어필이 주효했는지 소노오다는 음반 스카우트들의 주목을 받게 된다!"

"드디어 기회가 왔구나! 소노오다!"

"인터넷에서도 화제만발. CD 발매 전에 데이터가 불법으로 거래될 정도였다."

"소노오다! 그럼 몇 살에 데뷔를 한 거지?"

"그런 사소한 가치가 축적되었다는 점에서 마침내 다카다 후미오(高田文夫. 역자주: 방송작가 겸 탤런트. 연예프로그램 사회자로도 유명하다. 특히 그가 진행하는 〈라디오 비바리 힐즈〉는 1984년부터 지금까지 계속되고 방송되고 있다.)의 라디오 프로그램에서도 소노오다의 얘기를 다루되고…… 그걸 들은 청취자들로부터 '어? 이 노래 뭐지?', '누가 부른 노래지?' 라는 문의가 쇄도하는데……"

"소노오다 전성기의 개막이다!"

손에 땀을 쥐고 내가 소리를 지르자, 다시로도 그에 맞추어 이렇게 말했다.

"그리고 소노오다는 죽었다!"

"……"

나는 잠시 멍해졌다. 그러나 다시로는 힘차게 이야기를 계속했다.

"사인은 스카우트가 데뷔를 축하하기 위해서 가지고 온 복어의 독이었다."

"안타깝게도!"

"그로 인해 소노오다와 스카우트, 둘 다 즉사했다!"

"잠깐, 잠깐. 괜찮겠어?"

나의 제지를 받으며 다시로는 이상하다는 듯이 눈을 깜박거렸다.

"뭐가?"

"왜 거기서 죽는 거야?"

그러자 다시로는 더욱더 눈을 동그랗게 뜨며 당연한 듯이 말을 이었다.

"세 사람의 유지 가운데, 두 사람은 죽어야 하잖아?"

"하지만 당사자 본인이 먼저 죽어 버리면 어떻게 해?"

"아니야, 지금까지 말한 건 유지 가운데 한 사람, 소노오다 엔사부로(園生田遠三郞)야."

"형제였어!?"

"응."

단호하게 수긍하는 다시로에게 나는 다시 의문을 던졌다.

"그럼 그 때 엔시로는 어디 있었는데?"

"노래를 들으러 온 노인이 바로 엔시로야."

"둘이 형제였던 거야?"

"형의 죽음을 통해 엔시로는 생각을 했지. 위험한 생선은 인명을 빼앗을 우려가 있다고."

손가락을 꼽으며 다시로가 말했다.

"식인 상어는 말할 것도 없고, 날아다니는 날치도 매우 위험해. 〈살인 물고기 플라이 킬러〉라고 하는 영화도 있었잖아. 하지만 식인 어류이면서 킬러니까 살상력은 통상의 두 배라고 생각하면 돼. 특히 '블루길'은 사람을 죽이지 않지만 이름이 좀 무섭지."

"그 점에 착안을 한 건 대단하다. 역시 소노오다야."

다소 긴장감은 떨어졌지만, 나는 다시 소노오다의 이야기에 흠뻑 빠졌다.

다시로는 여전히 의기양양했다. 눈을 반짝거리며, 마침내 핵심 부분으로 들어간다는 표정을 지었다.

"그래서 착수한 것이 어군탐지기지."

"그런 뭐야? 어군을 탐지하는 건가?"

"맞아. '죽기 전에 찾아라'라고 하는 캐치프레이즈를 내걸고 판매하기 시작한 장치가 전 세계의 수요에 딱 들어맞은 거야."

"수요에!"

"어떻든 지구의 7할이 바다니까 인류의 위기감이 상승할 건 불을 보듯 뻔하잖아. 공포에 떨뿐이지, 아무것도 할 수 없었거든. 소노오다가 일어서기까지는."

"그렇군."

"소노오다 브랜드의 어군탐지기는 나중에 이지스함에도 탑재되어 엄청난 고가의 배가 청새치의 바늘에 찔려 침몰할 위험을 미연에 방지한다. 또 인간펌프가 정말 금붕어를 삼키는지 아닌지도 완벽하게 막을 수 있지. 이런 세계 인류에 대한 공헌으로 소노오다는 결국 노벨평화상까지 수상!"

"대단한데. 소노오다!"

"그러나 상을 받는 것만으로 끝나지 않고, 이듬해에는 노벨상 재단에 소노오다상을 만들었을 정도다."

"그건 너무 오버다. 소노오다!"

"하지만 그 정도 인물의 입지전이라면 완벽할 거야."

마침내 스토리를 마무리 한 다시로가 가슴을 쫙 폈다.

나는 그의 이야기에 완전히 동감했다.

"가공의 이야기였지만 배울 점이 많이 있었어."

방 천장을 올려다보며, 나는 다시 한 번 감동을 확인했다.

그러나 우리의 목적은 그게 아니다. 바로 코앞에 닥친 취업이다.

그것도 잊지 않고 있었다. 나는 다시로에게 확인했다.

"이상의 이야기를 순서대로 정리해 나가면 되는 거네?"

"그렇지. 그렇게 하면 틀림없이 창업을 할 수 있을 거야."

"이야기의 발단은, 분명……"

내가 생각을 더듬으며 말했다.

"먼저 자본금 30조 엔의 회사가 필요하지."

"좋아. 내일부터 뭔가 해보자."

"그러자."

우리는 내일을 대비하기 위해 이불을 펴고 전깃불을 껐다.

내일의 희망을 향해

'누구나 그렇듯이, 우리는 취업을 해야 한다.'

어제까지는 분명 그랬다.

"위하여!"

나는 캔을 따서 건배를 선창했다.

"위하여!"

다시로도 똑같은 행동을 했다.

발포주가 아닌 맥주를 다 마시고, 다시 새 캔을 손에 집었다. 다시로도 똑같은 행동을 했다.

다음 캔도 땄지만, 다 비우지는 않았다. 어떻든 밤은 길고,

우리에게 축하할 일은 산더미처럼 많았다.

아니, 사실 하나 정도밖에 없었지만. 그것을 산더미처럼 축하할 생각이었다.

"정말 축하해."

"으응. 나도."

나는 그 말에 동의하며 눈을 감았다.

"지금까지의 고생이 주마등처럼 떠오르네. 참으로 참담한 날들이었다. 하지만 그것도 지금은 영광으로 변했어."

"하면 된다는 거겠지?"

다시로도 같은 추억을 곱씹고 있을 것이다.

"끝나고 나니 다 좋은 추억이 되어 버렸네."

"고생이 사람을 성장시키고, 성공체험이 또 인간을 성장시키는 것 같지? 그러고 보면 우리는 정말 엄청난 성장을 한 셈이야."

"그러게. 우리가 아닌 다른 모든 불쌍한 녀석들에게 뒤가 구릴 정도니까."

"이제 사회에 환원할 의무를 다 해야지."

"그렇지? 우리의 능력을 세계가 대망하고 있거든."

"이걸로 끝이 아냐. 오히려 지금부터가 시작이지."

나는 한 동안 같은 말만 되풀이했다. 다시로 역시 같은 말을 되풀이했다. 감개무량했다.

"그러니까 우리는 해낸 거야."

"취업이 무엇인지, 견학이니 뭐니 정말 성가신 일들이었지만 면접을 받고 보니 한 방에 끝!"

"쉬웠어."

"난 취업했다."

"나도 취업했다."

"해야 하니까 말이야."

서로 맞장구를 치는데, 그러나 다시로는 갑자기 안색이 어두워졌다.

"하지만 생각해보니까……"

다시로가 맥주 캔을 내려놓았다. 빈 캔에서는 가벼운 소리가 났다. 그러더니 고개를 좌우로 흔들었다.

"매일 노동에 시달리는 동안 우리는 꿈을 잃어버린 게 아닐까?"

"벌써!?"

내가 놀라는 소리에 다시로는 이상하다는 표정을 지었다.

"아직이야?"

"아니, 너! 우린 아직 일을 시작도 하지 않았는데."

"그런가? 난 요즘 생활이 일상업무인 것 같은 생각에, 혹
시 반평생을 낭비해버린 게 아닌가? 하는 생각이 들었거
든."

"그건 너무 빨라."

확신을 갖고 나는 잘라 말했다.

그러나 다시로는 그 말에 불복이하도 하듯 떫은 표정을
지었다.

"그런가?…… 그럼 다락에 처박아 뒀던 기타를 꺼내서,
젊은 날의 정열은 다 어디로 갔는가? 하고 고민하는 것도
아직은 이른가?"

"그것도 먼저 기타를 배우다가 좌절한 다음 얘기야."

"어? 그럼, 먼저 기타를 사야 되나?"

“과학적으로 말하면 그렇지.”

나는 또 다시 확신에 차서 말했다.

다시로는 아주 심한 배신을 직면하기라도 한 것처럼 얼굴을 찡그렸다.

“설마, 연주방법을 외우라고 말하진 않겠지?”

“그런 말은 안 해.”

“그래?”

다시로는 안심한 듯이 보였지만, 그것이 명확한 오해임을 깨닫고 난 나는 말을 번복하고 말았다.

“연주방법을 외우려고 하는 것만으로도 충분해.”

“그건 너무 해!”

다시로가 흥분한듯 방바닥을 주먹으로 쳤다.

그리고 화가난 표정으로 나를 노려봤다.

“설마, 너 쓸데없는 수고를 하며 시간 낭비할 작정은 아니지?”

“아니. 그럴 생각은 없어.”

“그래? 그럼 안심이다.”

182

자세를 고쳐 앉은 다시로는 취기가 싹 가신 모양이었다. 분노인지, 고뇌인지, 아니면 통곡인지, 이해할 수 없는 감정이 앞서는 모양이다.

"그런데 그건 좀 곤란하네. 뭐지? 어찌된 일이지? 혹시 취업을 하고 나면 끝이 아닌 거야?"

"너 방금 전에 스타트 지점에 서 있다고 말하지 않았어?"

"그런 말을 진심으로 하는 놈이 어디 있냐?"

아주 진지하게 다시로가 말했다.

생각해보니 분명 그렇다. 적어도 학교에는 그런 사람이 없었다.

"우리는 취업이란 것을 완전히 이해한 줄 알고 있었는데. 어딘가 아직 모르는 부분이 남아 있는 것 같네."

"무섭다. 취업은 마치 불사신 같은 괴물같아."

다시로는 전율했다.

그 기분을 알 것 같았다. 승리했다고 안도하는 순간, 다시 일어나서 뒤에서 공격해오는 모습이라니……. 생각만 해도 정말 무섭고 두려웠다.

그러나 우리는 지금 취업이라는 그 괴물과 싸우기 위해 살고 있는 것이다.

나는 다시로와 눈빛을 주고받으며 다시 한 번 의지를 확고히 다졌다.

"좋아. 다시 생각해보자. 취업이란 과연 무엇일까?"

"해야만 하는 거야."

"그렇지. 그래서 한 거니까."

"그런데 아직 끝나지 않았잖아."

"약속과는 전혀 얘기가 다르네."

불평을 늘어놓는 동안 뭔가 머릿속에 번쩍 떠올랐다.

"결국엔 사기다."

"어쩌면 음모인지도……"

조심조심 주변을 살피면서 다시로가 말했다.

나는 확인했다.

"뭔가 거대한 조직과 같은 것이 획책을 한다는 거야?"

"맞아. 생각해봐. 놈들이 하고 있는 일의 거대함을. 전 세계적으로 얼마나 많은 인간이 취업을 강요 당하고 있어."

“그렇지.·어마어마한 셈이지. 한 국가정도 규모가 될까?.”

“그렇다면 이건 국가의 음모인가? 그럼 꽤 큰 사건인데…….”

“국가도 해야 할 다른 일들이 산더미처럼 쌓여있을 텐데. 왜 이런 음모 따위를 만드는 거지.”

혼자처럼 한 말에 다시로가 반응을 보였다.

“잠깐! 그건지도 몰라.”

“뭔데?”

무심코 물었다. 다시로는 ‘쉿’하는 제스처를 하면서 잠시 생각하더니 말을 정정했다.

“그러니까 해야만 하는 거야.”

“무슨 소리야?”

“그러니까 청소와도 같은 거지. 꼭 해야만 하는 그 때 갑자기 다른 일을 해버리는 거야.”

“흐음.”

“바꿔 말하면, 해야만 한다는 것은, 본래는 하고 있었던 일을 회피하기 위해 하는 거야.”

"그건 그러네."

나의 맞장구에 다시로는 숨을 들이쉬며 다시 결론을 지었다.

"그러니까…… 우리가 본래 하고 있었던 일을 시키지 않기 위해 취업을 해야 한다고 국가가 음모를 획책한 거지."

"꽤 복잡하군."

이해가 되었다고 말하기는 어려웠지만 어쨌든 복잡한 일임에는 틀림없었다.

나는 다시 물었다.

"그럼 우리가 본래 하고 있었던 일은 뭐지?"

"그건 모르겠어. 그러나 어떻든 취업하지 않았던 것임은 분명해."

"취업을 하지 않았을 경우, 우리는 뭘 하고 있었을까?"

다시로가 생각 끝에 입을 열었다.

"지금처럼 방에서 너랑 이야기를 하고 있었겠지."

"그렇군."

"에이, 모르겠다. 어째서 우리가 이런 생각을 하고 있는 거지?”

“그건 생각해야 하니까. 인간은 생각하게 되어 있으니까.”

말을 하고 나서, 다시로는 자신이 한 말의 의미를 깨달은 모양이다.

나도 나름 그 의미을 알 것 같았다. 잠시 후 다시 시선이 마주쳤다.

“그 말은 우리는 본래 하고 있었던 일을 하지 않기 위해, 국가가 본래 하고 있었던 것을 하지 않기 위해, 우리가 본래 하고 있었던 일을 시키지 않기 위해 취업을 해야 한다고 하는 음모를 획책했다고 하는 이야기를 하고 있는 셈인가?”

“역시 복잡해.”

더욱 깊어진 문제에 관해 내가 감상을 말하자, 다시로가 다시 중얼거렸다.

“그런데 그런 건지도 몰라. 누구나 본래 하고 있던 일을 하지 않기 위해, 꼭 해야만 하는 뭔가가 필요한 거야.”

“그렇다면 본래 하고 있던 일이란 뭘까?”

"그건 모르지. 아무것도 하지 않는 건지도 몰라. 어쩌면 네가 말한 것과 같은 꿈인지도 몰라. 금속 배트를 휘두르며 집밖으로 뛰어나갈지도 몰라."

"금속 배트는 좀 그러네. 꿈도 좀 그렇고. 둘 다 불행의 원흉이거든."

"으음. 그 중에서 허용되는 것은 아무것도 하지 않는 것뿐이다."

나는 숨을 내쉬며 아직 따지 않은 캔을 하나 집어 들었다. 이미 미지근했지만 그런대로 맛은 있었다.

남아있던 캔 하나를 다시로에게 건넸다.

"그렇다면 이건 판도라의 상자다. 결코 열어선 안 되는……."

"그러네. 본래 알고 있었을 것을 알아채지 않기 위해, 우리가 본래 하고 있었을 일을 하지 않기 위해, 국가가 본래 하고 있었을 것을 하지 않기 위해, 우리가 본래 하고……."

"그걸 들은 것만으로도 정말 계속해서는 안 된다는 걸 알 수 있겠는데."

"그렇지?"

우리는 비로소 이해가 됐다. 곤란한 일이지만, 우리는 결국 해냈다.

나는 캔을 들었다.

"어쨌든 정식으로 둘 다 교주님 밑에서 일을 할 수 있게 되었다. 내일부터."

"아아, 교주님의 지도를 받으면 아무 문제없어. 신규 회원을 다섯 사람만 모집해 오면 되니까."

문제없는 내일을 향해, 내일의 꿈을 위해 우리는 다시 한번 건배를 했다.

취업토론은 아직도 진행 중

'누구나 그렇듯이, 우리는 취업을 해야 한다.'

그래서 오늘도 나는 룸메이트인 다시로와 취업이란 무엇인가를 두고 심층토론을 하고 있다.

"생각해보니까, 어쩌면 우리는 취업을 한 녀석들보다도 더 취업하고 있는 것처럼 보일지도 몰라."

다시로는 그 말을 이해하지 못한 듯 반문했다.

"그게 무슨 소리야?"

"그러니까 말이야. 보통 좋은 사람이 나쁜 짓을 하면 운자라게(역자주: '나무아비타불' 정도의 뜻. 1969년 발표하여 크게 인기를 얻은 코믹송 가사.) 라고 하고, 나쁜 사람이 좋은 일을 하면 혼자라게(역자주: 정확하게는 '한자라게'. 불교용어로 '털어내다'란 뜻.) 라고 하잖아. 바로 그거야."

"그건 그러네. 운자라게나 혼자라게를 나도 모르게 중얼거리곤 하니까."

그제야 다시로는 이해한 듯 동의했다.

의미가 정확하게 전해졌는지에 대해서는 약간 의심이 갔지만 나는 이야기를 계속했다.

"우린 취업이 무엇인지 전혀 몰랐어. 지금까지 한 번도 생각 보지 않았던 일이니까. 그런데 지금은 이렇게 취업이 무엇인지, 오랫동안 생각하고 있잖아. 그러니까, 필시 우린 취업을 한 것처럼 보일 거야."

"말되네. 설득력 있는 말이야."

"으음. 혹시 이런 위장된 모습을 이용할 줄 알아야 하는 거 아닐까?"

"그러니까 우리 체내에 이미 취업했을 때 생성돼야 하는 효소가 만들어져 있을 가능성이 있다는 거지?"

"응? 아니……. 저, 그런 뜻이 되나?"

갑자기 이야기가 내 손에서 빠져나간 듯한 기분이 들어 조금 당황스러웠다.

역시 다시로는 야무진 녀석이다. 그가 자신만만하게 말을 계속했다.

"그런 거 아냐? 너, 인체구조는 과학적으로 설명되고 있다는 걸 아직 모르는 건 아니지?"

"아니, 그런 게 아니고. 나는 우리가 취업하고 있는 것처럼 보인다면 면접 같은 걸 볼 때 유리한 게 아닐까 하는……"

"한심한 소리. 무슨 영감이라도 떠올랐어?"

다시로는 실로 한심하다는 듯한 표정이엇다.

그리고 측은하다는 듯 나를 바라보았다.

"괜찮겠어? 잘 들어봐. 너는 어렸을 때 인수분해가 장차 무슨 도움이 되겠느냐?는 말을 해서 선생님을 난처하게 만든 장본인임에 틀림없어. 그로부터 십 년이 지나, 세상은 이과계 지식으로 움직이고 있음을 알게 된 거야."

"맞아. 네 말 그대로야. 분명히 그 사실을 알게 되었거든."

"화학이며, 공업, 의료, 정치경제, 주식에 이르기까지, 모든 게 이과계야. 이전에는 비이과계였던 것조차도 지금은 어떻게든 억지로라도 이과계라고 주장하는 것에 명운을 걸고 있거든."

"그런데 비이과계란 뭘 말하는 거야?"

"하하하, 이과계가 아닌 걸 모두 싸잡아서 말하는 거지. 이를 테면, 명칭을 붙일 것까지도 없는 약소분야를 말하는 거야. 마찬가지로 비마이크로 소프트, 비덴쓰(역자주: 電通, 일본의 광고, 마케팅, 콘텐츠, 비즈니스 전반을 담당하는 광고대리점) 등이 있지."

"그 얘기는 들어본 적 없어."

"어쨌든 그런 것들이야. 현대의 과학이 곧 정의야. 인정 따윈 하찮은 것에 지나지 않아. 그렇다면 당연히 취업에 관해서도 그걸 특정짓는 효소가 발견되어야지. 그렇지 않으면 피도 눈물도 없는 현대인이 취업의 존재를 믿을 리가 없어."

"그건 그래."

과연 그렇다. 이건 해결책이 가까이 있는 것 같아. 그 효소가 있으면 우리는 취업을 할 수 있다. 취업을 하면, 취업이 무엇인지 자연히 알게 될 것이다.

나는 다시로에게 적극적으로 따져 물었다.

"그럼 그 효소는 어디에서 특정 지을 수 있는 거지?"

"그건 말이야. 관련 시설이 있을 거야. 이과계 사회는 곧 자격사회니까. 한가한 사람이 하면 좋을 것 같은 것까지 자격이 준비되어 있거든. 하물며 취업효소라고 하는 중대한 것을 아마추어가 감히 다룰 리 없잖아."

"취업센터……라든가, 뭐 그런 건가?"

"으음. 뭐 그 비슷한 이름이겠지? 내일 찾아보자. 어쩌면 더 그럴싸한 것을 찾게 될지도 몰라. 중앙취업센터라든가, 뭐 그런."

"더 중앙이란 거겠지? 과학을 언제나 잊으면 안 돼. '이 원의 중심이 어디에 있는지 점으로 표시하시오' 라고 질문을 하면, '아니 그건 표시할 수가 없습니다. 계산에 의해 구할 수는있습니다'라고 대답하는 게 좋아."

“알았어. 하지만 오늘은 너무 늦었다. 내일을 위해서 일찍 자 두자.”

“그래.”

우리는 방에 이불을 깔고 불을 껐다.

그러나 다시로는 좀처럼 잠이 들지 못하는지, 몇 번이나 뒤척였다. 그게 신경 쓰여 잠을 이루지 못하고 있는데, 다시로가 갑자기 중얼거렸다.

“그런데 운자라게인지 혼자라게인지를 말하고 나니까 좀처럼 머리에서 떠나질 않네.”

“그런 효소도 있겠지. 아마 귀에서 뇌로 침투해서 들어가는 것임에 틀림없어.”

“그렇겠지? 언젠가 과학이 해결해주겠지?”

우리는 과학에 무한히 감사하며, 과학님의 제단에 떡을 바치고, 기도 춤을 봉헌한 뒤 다시 잠을 청했다.

(끝)

취업전쟁 시대, 취업을 말하다

- 두 분은 학교졸업 후 곧장 현재의 직업을 갖게 되셨나요?

나카가와 이사미 선생(이하 나카가와)   대학 4학년 때는 건축 관련 전공이었기 때문에 건축회사에 견학을 다녔는데, 만화가로 데뷔한 뒤 '이제 됐어'하고는 견학을 그만두었습니다. 1급 건축사 자격증이라도 따두려고 공부했지만, 결국에는 그것도 안 됐어요.

아키타 요시노부 선생(이하 아키타)   저는 학생 때 신인상을 받은 후 인쇄소에서 오퍼레이터를 했어요. 일 년 반 정도

공부와 회사 일을 병행했지요. 그런데 이도저도 아닌 상황이 돼서 회사를 그만뒀습니다.

– 두 분 취업활동은 어땠나요?

아키타　　그다지 선택의 폭이 넓지 않았어요. 들어 갈만한 곳에 들어갔다는 느낌이었지요. 마땅히 할 수 있는 다른 일도 없었고.

나카가와　　전력을 다했다고는 할 수 없어요. 회사 설명회에 간 정도에요. 집에서 건축사무소를 했기 때문에, 최악의 경우 가업을 이으면 될 거라고 생각했어요. 동시에 취업활동의 일환으로 만화를 그리기 시작했지요. 솔직히 취업에서 도망을 친 부분이 없잖아 있습니다.

아키타　　고등학교 때 신인상을 받았는데, 상이란 것을 잘 몰라서 '수상=데뷔'라는 것도 실감이 나지 않았죠. 그 뒤에도 편집자에게 의뢰를 받아 몇 년정도 일을 했지만 그것이 직업이 될지는 몰랐습니다.

나카가와　　처음에는 애매했죠. 만화가로서 생활해야만

한다는 기준도 없었고.

— 학생 때 취업에 관해 했던 것은 무엇이 있습니까?

나카가와　　딱히 없어요. 만화가가 되면 실컷 잠을 잘 수 있을 줄 알았어요(웃음). 건축가가 되면 사람의 생명이 걸린 일이 되잖아요? 철근을 넣어야 하는 걸 잊어버리거나 하면 큰일이니까. 성격적으로 건축 일은 맞지 않을지도 모른다고 생각했었죠. 그런 점에서 만화가로서 실패를 한다 해도 누가 죽거나 하는 것은 아니니까 안심했지요.

아키타　　지금 와서 생각해보면, 이 작품에 등장하는 두 사람과 비슷한 수준으로 취업에 관해 이해가 없었다고 생각해요. 핀트가 빗나간 것만 생각하고 있었고, 그나마 취업을 한 뒤에도 내 자신이 그 일에 맞지 않는다는 걸 알게 됐죠.

그 무렵에는 성격이 폭력적어서 회사를 그만두고 나서 표정이 변했다는 말을 들을 정도였어요. 결국에는 '이제 만원 전철을 다시는 타지 말아야지' 하는 기분으로 그만됐지만요.

나카가와　　일 자체도 맞지 않았던 거죠?

아키타　일 자체는 지금과 마찬가지로 노르마만 지키면 혼자서 할 수 있는 일이고, 회사 사람 중에 나쁜 사람도 없었기 때문에 딱히 싫지는 않았어요.

가장 먼저 위화감을 느낀 건 연수 때였어요. '도시락을 놓는 방법'을 배웠는데 '아, 이건 아니다!'는 생각이 들더군요. 손님용 도시락이라고 생각되는데, 분명 우리들 일과는 아무 상관이 없는 일이었어요. 그런데 그걸 연수내용이라며 정당한 표정을 지으며 말하는 총무과 사람을 보면서 굉장한 위화감을 느꼈어요. 내가 그의 동료라는 사실을 더 이상 상상도 하고 싶지 않을 만큼 말이죠.

나카가와　소설이든 만화든 도망갈 길이 있으니까 그만두잖아요? 도망갈 길이 없었다면 회사에 계속 남을 수밖에 없었겠죠.

— 그걸 도망이라고 생각하시는 게 대단하네요. '먹고살 수 있겠지' 라고 생각하는 사람이 대부분이죠.

나카가와　의뢰받은 일을 하고 있으면, 어드바이스도 받을 수 있고, 이게 될지 안 될지를 알 수가 있으니까요.

- 의뢰나 응모를 하시게 된 계기는 뭔가요?

아키타   사실은 입시공부를 하고 싶지 않았어요.

나카가와   단순히 그걸로 돈을 받을 수 있으면 괜찮겠다고 생각했어요. 아키타 씨도 취미로 썼던 건 아니잖아요?

아키타   실은 응모한 원고가 끝까지 쓴 첫 작품이었어요. 그때까지는 소설을 쓴 적이 없었기 때문에. 지금 생각해보면, 정말 아무 생각이 없었던 거죠.

- 만약 현재의 직업을 갖지 않았다면 어떤 일을 하고 있을 거라고 생각하세요?

나카가와   인테리어 디자이너를 하고 있지 않을까 싶어요. 가능한 한 구조에는 상관하지 않는 일을 하고 있을 것 같아요. 그렇지 않으면 성격적으로 위험해서. (웃음)

아키타   저도 오퍼레이터 정도밖에 할 게 없었을 거예요. (웃음)

– 창의적인 일을 하고 싶은 젊은이들이 부딪치는 난관이 '먹고 살 수 있을까?' 하는 불안이라고 하는데, 그 점에 관해서 두 분은 어떻게 생각하세요?

나카가와　　아, 그래요? 시대가 그런 건가요? 글쎄요. 저는 부모님과 함께 살고 있었고, 돈을 그다지 쓰는 편이 아니였기 때문에 '뭐, 어떻게든 살아가겠지' 하는…… 뭐, 대충 그랬을 거 같아요. 이 일을 시작하면서 처음에는 단행본 한 권만 낼 수 있으면 하는 바램뿐이었어요. 그런데 책을 내고 나니까 기쁜 게 아니라 창피한 거예요. 그래서 다음에는 자신을 가질 수 있는 작품을 만들겠다고 생각하는 과정을 통해 그만 둘 수 없게 되었죠.

아키타　　음. 저는 가령 일이 잘 안 돼서 생활할 수 없어서 죽는다고 해도 하는 수 없다고 생각했어요. 죽는다면 앞 일을 생각해도 별 의미가 없고, 살아나간다면 뭐든 될 거라고 생각했죠.

나카가와　　부모님과 같이 생활했나요?

아키타　　회사에 다닐 때는 부모님과 같이 있었는데, 지금은 혼자 생활하고 있어요.

— 많은 사람들이 품고 있는 '취업할 때의 불안'은 어떻게 하면 없앨 수 있을까요?

나카가와　제 경우는 만화가 됐든, 소설이 됐든 먹고 살 수단으로만 생각하면 안 된다고 생각해요. 인기작가라고 하는 사람들 대부분이 그림 자체가 좋아서 그림을 그리고 있거든요. 그런 의미에서 먹고 사는 수단으로 삼는 것은 잘못이 아닐까요?

아키타　장수할 수 있을 거라고 생각하는 것은 교만이라고 봅니다. 지금도 앞으로 오십 년 후에도 살아 있어야지 하고 상상하면, 그건 무리라고 봐요. 현재 많은 사람들이 정부를 믿지 못하고 있어요. 특히 연금이 바닥나서 미래를 설계한다는 것이 어렵게 됐죠.

따라서 십 년 후, 이십 년 후에도 살아 남고 싶다면 작가 따위는 하지 말아야 해요. 가능하면 편히 죽고 싶다는 생각을 하거든요. (쓴 웃음)

나카가와　　불안이니 동기를 말하기 전에, 우리는 마감일이 있기 때문에 그리는 거거든요.

아키타　　저도 확실히 의뢰를 받지 않으면 안 써요.

나카가와　　그쵸? 아무도 의뢰하지 않는데 만화를 그리는 일은 없으니까요. 쉬는 날에 만화를 그리는 만화가도 계있지만, 저는 개를 산책시킵니다. (웃음)

– 두 분에게 일이란 뭘까요?

나카가와　　책상 앞에 앉아있을 때가 일이라고 생각하죠. 글쎄요. 남들이 보면 놀고 있는 것처럼 보일지 몰라도, 사실은 잠을 자면서도 일 생각을 하거든요. 결국 내내 일을 하고 있는 거예요. 이거야, 원.

아키타　　어느 시점부터 자기 안에서 '쓸 때'를 세팅하지 않으면 일을 할 수 없기 때문에, 찻집에 들어간다든가, 헤드폰을 쓰고 BGM을 틀거나 하면서, 쓰기 시작할 때가 일이라고 할 수 있죠. 일을 하기 위해서 커피값을 지불하는 것은 한심하지만.

나카가와　　소설 쪽은 도구가 없어도 되니까 어디서나 일을 할 수 있어서 좋겠네요. 저는 조교 없이 혼자 만화를 그리니까 이것저것 필요한 도구가 많아서……. 그래서 집에서 작업을 할 수밖에 없어요. 참, 아키타 씨는 이번에 새로운 책을 시작하시지요?

아키타　　그렇습니다.

나카가와　　부러울 따름이에요. 며칠까지 몇 장 이런 식으로 목표를 세워서 쓰는 건가요?

아키타　　매수로 노르마를 정하면 어떻게든 매수를 채우면 된다는 식이 되기도 하고, 또 어떤 때는 노르마가 없으면 진척이 전혀 없기도 하고 그래요. 글을 쓸 때마다 심경이나 상황이 다르기 때문에 아주 고생하고 있답니다.

– 반대로 일을 하시면서 즐거울 때는 언제일까요?

나카가와　　스스로 재미있다고 생각한 것을 그릴 수 있을 때죠.

- 책이 나왔을 때가 아니고요?

나카가와　　이미 그린 것은 오래 전 일이라……. 기억에
선 좀 흐려져 있죠. 독자들이 읽고 난 뒤에 재미있다고 말해
줬을 땐 기쁘지만요.

아키타　　확실히 책으로 나오면, 이미 내 것이 아니구나
라는 걸 느낍니다. 즐거울 때라? 별로 없었어요. 쓰면서 진
도가 나가기 시작하면 며칠이라도 쉬지 않고 쓸 수 있을 것
같은 기분이 들지만. 써지지 않을 때는 정말 비명이라도 지
르고 싶다니까요. (쓴웃음)

—그럼, 개인적인 시간은?

나카가와　　없어요. 일 그 자체는 다 그리고 나면 끝이지
만 계속 집에서 일을 하기 때문에 개인적인 시간이란 게 별
로 없어요. 간혹 작업실에 아이가 들어올 때 그때는 잠시 쉬
죠. 그래서 가끔 샐러리맨처럼 집에 돌아가면 어쨌든 업무
끝이라고 하는 것이 부러울 때가 있어요. 날마다 일에서 벗
어나고 싶다고 생각은 하는데, 막상 일을 줄여도 느긋하게

매일 그리게 되니까, 결국 날마다 일을 하게 되는 거죠.

아키타　　저는 스스로를 몰아붙이지 않으면 일을 하지 않기 때문에 그 이외의 시간은 모두 개인시간이죠.

－ 미래에 대한 비전이 있다면 여쭙고 싶은데요.

나카가와　　요전에 프랑스에서 작품이 발표된 적이 있어요. 기분이 좋더군요. 그래서 좀 더 세계적으로 알려졌으면 하는 바람이 있어요.

아키타　　제가 성격적으로 남몰래 장난하는 걸 좋아하기 때문에, 이상한 짓(?)을 남몰래 할 수 있었으면 하는 바람이 있습니다.

－ 나카가와 선생님은 이 책을 읽어 보신 소감이 어떠신지요?

나카가와　　읽으면서 전혀 위화감이 없었어요. 그래서인지 소설의 삽화는 처음이었지만 쉽고 편하게 그릴 수 있었어요.

– 아키타 씨는 왜 '취업' 이야기를 쓸 생각을 하셨는지요?

아키타　　취업도 세상 돌아가는 것도 생각하면 할수록 기묘하고 재미있어요. 특히 제 눈에 각별히 기묘하고 재미있는 것이 많은 것인지도 모르고요. 그런 것들을 모아두었다가 책으로 묶을 수가 있었죠. 그런데 나카가와 씨는 이 두 사람을 그리는 데 고생하지 않으셨나요? 내용 중에 둘에 대한 묘사가 전혀 없으니까요.

나카가와　　소설의 삽화는 자신의 작품이 아니기 때문에 독자에게 어떤 특정한 이미지를 주게 될까봐 오히려 걱정을 했습니다. 그래서 이번에는 가능한 심플하게 읽고 있는 사람의 이미지를 방해하지 않도록 심혈을 기울였어요. 기존 문학작품은 평가가 정해져 있는 것은 괜찮지만, 이제부터 세상에 나올 책에 저의 주관적인 색을 칠해 버리면 안되니까요.

– 두 분에게 취업이란 어떤 것이죠?

아키타　　옛날에 어딘가에서 본 적이 있는데요. 학생들

에게 자유경쟁이 좋은가 어떤가를 물었더니, 거의 대부분이 자유경쟁을 할 수 있는 세상이 건전하다고 대답하더군요. 그런데 질문자가 그럼 '나중에 커서 무엇이 되고 싶냐?'고 묻자, 거의 대부분이 '공무원'이라고 대답했어요. 그 얘기를 듣고 저는 이렇게 생각해봤어요. 실제로 자유경쟁 사회가 되면 많은 사람이 지게 되니까, 많은 학생들이 그 경쟁에서 자신만은 참가하고 싶지 않다고 생각한 건 아닐까 하고 말 이죠.

취업이나 일은 그만큼 가혹한 것이라고 생각해요. 그럼 많은 사람들이 죽을 힘을 다해 생활을 하고 있느냐? 하면, 꼭 그렇지도 않은 것 같아요. 의외로 행복하게 살고 있다고 많은 사람들이 말해요. 그래서 인생인란 어떤 게 옳다든가, 어떻게 해야 한다든가가 아니라 둥실둥실 떠 있는 구름처 럼 정체를 알 수 없는 존재라는 생각이 들어요. 십 년 후에 일본 정부가 있을지 없을지는 모르지만 두려워할 필요는 없고, 어떻게든 될 거라고 하는 그런 느낌이랄까요?

나카가와　　옛날과 지금은 다릅니다. 옛날에는 아무런 의

심 없이 취업을 했는데, 지금은 취업을 했다고 해서 그 회사
가 언제까지나 있으리란 보장이 없으니까 말이죠. 그만큼
지금은 사회가 불안정하고, 선택할 일도 많으니까요. 그런
면에서 자신에게 맞는 일을 하면 좋지 않을까요?

– 취업을 앞둔 젊은이들에게 한 말씀 부탁드립니다.

나카가와　　취업은요, 하는 게 좋다고 생각합니다. 결혼
과 마찬가지로 맞는지 맞지 않는지, 될지 안 될지 안 해보면
모르잖아요. 저도 가끔 취직을 했으면 좋았겠다고 생각해
요. 나중에 취업하는 건 어려우니까요. 중도채용은 별도지
만요. 취업이야말로 젊을 때 해야 합니다.

아키타　　아무것도 모르는 상태에서 사회를 접해보는
건 한 번뿐입니다. 또 그만두는 건 언제라도 할 수가 있으니
까, 한 번쯤 해 봐도 괜찮을 거라고 생각해요.

나카가와　　자기가 좋아하는 회사가 아니어도 어쨌든 붙
었으면 해 보고, 다닐 수 있을 때까지 다니는 게 좋다고 생
각합니다. 어떤 일이라도 처음에는 재미가 없으니까, 삼 년

정도는 해보는 게 좋지 않을까요? 정말로 힘들 때는 그만두는 게 좋을지 모르지만, 맞을지 안 맞을지 확인해보려면 무리해서라도 계속 다녀보는 게 좋을 거라고 생각해요. 그래도 안 되면 확실히 맞지 않는 거니까.

아키타　자신이 마음속에 그리던 것이 아니면 실패라고 생각하기 쉽지만, 그렇게 단정할 수는 없어요. 좀 더 애매하게, 적당히 불분명하게, 미래를 붙들어도 괜찮지 않을까 하고 생각해요. 그러니 일단 취업은 하는 게 좋을 거라고 생각합니다.

나카가와　실로 '우리는 취업을 해야만 한다.' (웃음)

아키타　'누구나 그렇듯이' 말이죠. (웃음)

그래도 우리는 **취업**을 해야 한다

그래도 우리는 취업을 해야 한다

초판 1쇄 인쇄 2010년 9월 5일
초판 1쇄 발행 2010년 9월 14일

지은이 아키타 요시노부
기획 조은성
발행인 임채성
마케팅 강기현
디자인 푸른다솜향

펴낸곳 판테온하우스
주소 서울시 마포구 동교동 165-8 LG팰리스빌딩 810호
전화 02)332 - 6304 **팩스** 02)332 - 6306
메일 pantheon11@naver.com
카페 http://cafe.naver.com/pantheonhouse
출판등록 2010년 4월 22일(신고번호 제313 - 2010 - 119호)

ISBN 978-89-964393-5-6 13330

• 이 책은 판테온하우스가 저작권자와의 계약에 따라 발행한 것이므로
  본사의 서면 허락 없이는 어떠한 형태나 수단으로도 이 책의 내용을 이용할 수 없습니다.
• 파본은 본사와 구입하신 서점에서 교환해드립니다.
• 책값은 뒤표지에 있습니다.